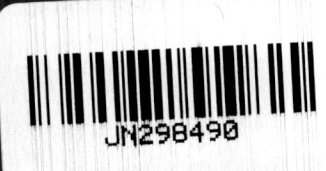

中日ドラゴンズ検定

2013シーズン

中日スポーツ 編

中日新聞社

まえがき

♪ことしの秋はいつもの秋より…。2013年のセ・リーグクライマックスシリーズ（CS）。甲子園球場と東京ドームの三塁側、レフトスタンドを赤く染めたカープファンをテレビ観戦しながら、思わず口ずさみました。

4位に終わった中日ドラゴンズは初めてCS出場を逃しました。手持ち無沙汰の秋。♪長くなりそうなそんな気がして。

こんなときは試験勉強だ!?

ドラゴンズは、1936（昭和11）年に「名古屋軍」として発足して以来、70余年にわたりファンの熱い声援に支えられ発展してきました。そんなドラゴンズファンに愛読されてきたのが、中日スポーツです。ドラゴンズが初めてリーグ優勝、日本一になった1954（昭和29）年2月に創刊、2014年で60周年を迎えます。創刊60周年記念イベント第一弾として、2014年2月23日に名古屋と東京で「第1回ドラゴンズ検定試験」を行うことになりました。

本書『中日ドラゴンズ検定 2013シーズン』は検定試験の公式テキストです。中日スポーツで、長年ドラゴンズを取材してきた歴代の「ドラ番」記者が中心となり問題を編纂。球団史を彩った名選手、名試合などを中心に、クイズ形式でドラゴンズの歴史を巡ることができます。

2007年にも『ドラゴンズ検定』を刊行しましたが、全面バージョンアップした最新版です。谷繁新監督に関連し選手兼任についての問題も盛り込みました。

検定試験は投手と打者の駆け引きに似ているような気がします。直球でいくか変化球か、1球外すか勝負に出るか。出題する側と受験者の駆け引きです。本書に掲載した問題もストレートに選手名や記録を問うものから、「こんなのあり？」という変化球までバラエティーに富んでいます。

掲載したのは183問ですが、用意した問題はその2倍近くになるでしょう。

例えば―。

（問）杉下茂はフォークボールで1954年にドラゴンズを日本一に導いたが、当時8歳で、後に「フォークの神様」と呼ばれたのは？

①岡林信康　②井上陽水　③南こうせつ　④吉田拓郎

正解は①。先ほどの駆け引きに例えるなら、1969年に小川健太郎投手が披露した「背面投げ」級のトリッキーな問題かもしれません。検定試験の公式テキストとしてだけでなく、読み物としても楽しんでいただければ幸いです。

ところで、問題作りをしながら痛感したことがあります。当然のこととはいえ、優勝した年や優勝争いをした年に関する問題数の多さです。「2013年、ドラゴンズは何年ぶりのBクラスだったか」などという問題は出題したくありません。やはり強いドラゴンズが見たい、ですね。

優勝を目指す谷繁監督兼捕手、落合ゼネラルマネジャー（GM）新体制の日々の動きを追いながら、2014年2月の検定試験問題の準備も進めます。こちらは中日スポーツでチェックしてください。

合格するためにはまず本書の制覇です。さあ、全183問に挑戦して、あなたの「ドラゴンズ愛」を試してください！

同時発売の杉下茂著『伝えるⅡ　プロ野球　努力の神様たち』も試験に役立つエピソード満載です。あわせてご愛読ください。

もくじ

第2次高木監督時代

2012～2013

全14問

Q 1

ドラゴンズの新監督に決まった谷繁元信は捕手との兼任だが、次のうちプレーイングマネジャーを経験していないのはだれ？

2級

① 杉浦　清　　② 野口　明
③ 杉下　茂　　④ 江藤慎一

Q 2

2013（平成25）年9月18日の巨人戦、岩瀬仁紀が日本人選手歴代1位となる通算382セーブを挙げた。それまでの1位はだれ？

3級

① 牛島和彦　　② 大野　豊
③ 佐々木主浩　④ 高津臣吾

A1 ③ 杉下　茂

中京商－明治大で名遊撃手としてならした杉浦清は1946（昭和21）年のシーズン途中から監督兼遊撃手となり、47年はチームを2位に押し上げ、48年は8位。1954（昭和29）年に日本一になった天知俊一監督が55年に突然辞任、野口明が捕手兼任で監督となったが、出場は2試合だけだった。チーム成績は2位。56年は監督専任で3位。ドラゴンズで1964（昭和39）年、65年に2年連続首位打者になった江藤慎一は1975年に太平洋（現西武）の選手兼監督としてプレー、チーム成績を通算3位（前期2位、後期4位）と8年ぶりAクラスに導き、選手としても通算9人目の2000安打を達成した。

杉下茂は1959（昭和34）年、33歳でドラゴンズ監督になったが投手は兼任していない。

A2 ③ 佐々木主浩

岩瀬にとっても「大魔神」と恐れられた佐々木は特別な存在だった。「佐々木さんが抑えでスタートしたころは2イニング、3イニングも投げていた時代。比較するのは違うと思うし、やっぱり別格」という。とはいえ、積み上げた数字は1999年に入団してから大きなケガなく、救援一筋で投げ続けてきた何よりの証。この数年、加齢や体調の異変による不振は何度もあったが、そこは経験と努力で乗り越えてきた。「今季は、結果が出なければ引退する、と思って臨んだ」と打ち明けた岩瀬に、佐々木も「新人のころから一目置く存在だった。大きなケガと無縁だった体の強さに尽きる」と祝辞を贈った。

Q3

ドラゴンズで板東英二、落合英二、平井正史、小林正人、田島慎二に共通する珍記録は何？

2級

① 1イニング4奪三振

② 1イニング3暴投

③ 1イニング5被本塁打

④ 1球勝利投手

Q4

2013年8月1日、シーズン初スタメンの高橋周平が逆転満塁本塁打を放った球場は？

3級

① 甲子園　② ナゴヤドーム

③ マツダスタジアム　④ 東京ドーム

A3　④ 1球勝利投手

2013年8月31日の巨人戦。同点で迎えた6回2死一、三塁のピンチでマウンドに上がった田島が、巨人・矢野を1球で左飛に仕留めた。その直後の7回にチームが勝ち越したため、勝ち星を手に。ドラゴンズ史上5人目の1球勝利投手は、セ・リーグ史上でも17人目の珍記録だった。「同点だったので、ヒットもホームランもダメ。割り切ってマウンドに行きました。あとは思い切って投げるだけでした」と田島。開始から長いイニングを任される先発投手とは違い、重要な局面で試合を任される救援に生きる男たちにとっての、ちょっとした勲章だ。

A4　① 甲子園

潜在能力を開花させた一発だった。2013年8月1日の阪神戦、1点を追う6回1死満塁。高橋周平の一振りに、阪神ファンで埋め尽くされた敵地が静まり返った。高橋周にとっての今季1号は、バックスクリーンへの逆転満塁弾。今季初スタメンで大きな仕事をやってのけた。

逆転満塁弾を放った高橋周平

前年12年に東海大甲府高からドラフト1位で入団。プロ1年目から本塁打を放つなど能力の高さを示したが、プロの壁にもぶつかった。一時は「本塁打の打ち方を忘れた」と悩み、満塁弾を放った試合前までも15打数1安打と不調。この一発を機に打率は上昇し、故障したルナの不在もあってスタメン出場が定着した。

Q 5

2013年夏、ドラゴンズの人気マスコット「ドアラ」が骨折した箇所は?

3級

① 右手中指　② 左手中指
③ 右足中指　④ 左足中指

Q 6

赤いユニホームを着て戦った2013年の新企画「燃竜《もえドラ》」が7試合行われたが、ドラゴンズの勝敗は?

2級

① 5勝2敗　② 4勝3敗
③ 3勝4敗　④ 2勝5敗

A5 ② 左手中指

8月19日、ドアラはバック転の成功率をアップさせようとトレーニング中に左手中指を骨折した。名古屋市内の病院で手術を受け成功したが、担当医師から5週間のバック転禁止令が出た。ドアラは「ご迷惑をかけて申し訳ありません。バック転以外のことは通常通りできますので、いっそう頑張ります」とコメントを出した。

ドアラ、骨折で記者会見

球団は商魂たくましくドアラ骨折グッズを発売。指に包帯を巻き「申し訳ありません」と謝るドアラがプリントされたTシャツ（税込み2500円）とトートバック（同1500円）を売り出した。

A6 ④ 2勝5敗

球団初の赤いサードユニホームを着用する「燃竜」企画初戦は3月31日のDeNA戦。谷繁元信の逆転2点タイムリーなどで8−3と勝利したが、4月30日の巨人戦は0−3、5月4日のDeNA戦は1−11と連敗。ナゴヤドーム来場者全員に赤いレプリカユニホームが配られた5月25日の西武戦も0−2で敗れた。7月5日はヤクルトを6−3で下したが、8月8日（レプリカユニホーム配布）はヤクルトに2−5、8月23日の阪神戦は2−7で敗れた。

7試合で2勝5敗と成績は振るわなかったが、平均来場者は3万1331人と通常を2000人上回った。特にレプリカ無料配布の2試合は3万8000人以上を集めた。

Q 7

大リーグのイチローが日米通算4000安打を達成したが、ドラゴンズの選手、スタッフでイチローに最も多く安打を打たれたのはだれ？

2級

① ワーナー・マドリガル

② ダニエル・カブレラ

③ ブラッドリー・バーゲセン

④ 平沼定晴（1軍用具係）

Q 8

2013年6月28日に、山井大介が史上77人目のノーヒットノーランを達成した。相手球団は？

2級

① DeNA　② 広島

③ ヤクルト　④ 阪神

A7 ② ダニエル・カブレラ

カブレラはメジャー時代にイチローと対戦、36打数12安打と打たれていた。4000安打達成に「大リーグで一番いい打者だと思うよ」と感激していた。ブラッドリーは8安打、マドリガルは1安打献上している。平沼はロッテ時代に12打数6安打と打ち込まれている。（2013年8月23日、中日スポーツ「ドラ番記者」）

イチローの4000安打に高木守道監督は「すごすぎて、すごいとしか言いようがない。最後はドラゴンズに戻ってきてください。クビを長くしてお待ちしております」とコメント。

A8 ① DeNA

ノーヒッター達成で谷繁に抱え上げられる山井

山井のノーヒットノーランは敵地・横浜スタジアムで成し遂げられた。セットアッパーとして始まった13年シーズンは、開幕戦でDeNAを相手に敗戦投手。その後も不振で2軍落ちの屈辱を味わった。チーム事情もあって先発に回り、先発転向5試合目で偉業を達成。「（ノーヒットノーランには）もう縁がないと思っていた」とのコメントが印象的だった。山井は07年11月1日の日本シリーズ第5戦で8回まで無安打に抑えたが、9回は岩瀬に交代。10年8月18日の巨人戦では8回まで無安打に抑えて9回の続投を志願したが、9回先頭の巨人・坂本にソロ本塁打を浴びていた。

なお、山井は小学生時代、父・茂さんが監督を務める「大阪ドラゴンズ」に所属。長男の山井はその一期生。最初は名前がなかったが、タイガースなどはすでにあったため「ドラゴンズ」にしたという。まさに野球を始めた時から赤い糸で結ばれていたのかもしれない。

Q 9

2013年5月6日のヤクルト戦、谷繁元信がプロ野球史上44人目の通算2000安打を達成した。谷繁がプロ入りした球団はどこ?

3級

① 南海　② 阪急

③ 広島　④ 大洋

Q 10

2013年のドラゴンズ選手会長はだれ?

3級

① 森野将彦　② 井端弘和

③ 吉見一起　④ 井上一樹

A9 ④ 大洋

42歳4カ月での達成は、ヤクルト・宮本慎也の41歳5カ月を抜き史上最年長。6回の第3打席でヤクルト・押本から右前打を放って決めた。初安打は大洋時代のプロ1年目、1989（平成元）年4月11日の広島戦に代打で出場して川口から放った。

島根・江の川高（現石見智翠館高）から大洋にドラフト1位で入団した谷繁は高卒ながら1年目から80試合に出場。順風満帆のスタートを切ったかのように見えたが、当初はのちに「大魔神」と呼ばれる佐々木主浩のフォークが捕球できずに苦しんだという。猛練習の末に、球界を代表する正捕手に成長。ドラゴンズには01年オフにFA移籍した。

A10 ③ 吉見一起

08年から12年まで5年連続2桁勝利を記録している吉見が、高木守道監督が復帰した12年に選手会長に就任した。2度の最多勝投手にも輝いているエースながら、前任の森野からバトンを受けてファンサービス向上に着手。「子供に愛されるチーム作り」を目標に掲げ、シーズンオフには名古屋市内の小学校を訪問するなど積極的に活動した。高木監督も「吉見会長が先頭に立ち、いろんなファンサービスをやってくれている」と高評価。13年は6年連続2桁勝利の期待がかかっていたが、6月に右ひじ手術を余儀なくされ、戦線離脱した。

Q 11

2013年のWBCに中日から唯一選ばれた選手は？

3 級

① 浅尾拓也　② 井端弘和

③ 和田一浩　④ 谷繁元信

Q 12

2012（平成24）年秋、小川龍也はある国代表として
WBC予選に出場した。どこの代表？

2 級

① フィリピン　② タイ

③ 台湾　④ ベトナム

A11

② 井端弘和

ドラゴンズの、いや日本の誇りとなる活躍だった。当初は大島、浅尾、山井も代表候補だったが、3選手は落選。ドラゴンズから唯一代表入りした井端が、3連覇こそ逃したが、侍ジャパンを何度も救った。3月2日のブラジル戦では1点を追う8回に代打で同点打。同8日の台湾戦では8回の同点劇の起点となり、再び1点を追う9回にも同点打を放って2次ラウンドのMVPに輝いた。米国へ渡って行われた準決勝のプエルトリコ戦でも2安打1打点と本領発揮し、大会通算打率は5割5分6厘。大会後、「（侍ジャパンの危機を救った）台湾戦での同点打は一生忘れないと思う」と感慨深げに語っていた。

A12

① フィリピン

小川は生まれも育ちも千葉県だが、母ジョビタさんはフィリピン出身。WBCの選手出場資格の枠組みは柔軟で、国籍が違っても出生地であったり、親の出身地であっても出場できるため、フィリピン代表入りを果たした。幼少期には毎年遊びに行っていたという小川にとっては第二の故郷であり、「母のために投げたい」と張り切っていた。当時プロ3年目の小川は、11月16日の台湾戦に先発し、4回3失点で敗戦投手に。フィリピンも予選敗退した。同国では人気のボクシングとは対照的に野球がマイナースポーツであるといい、小川は「フィリピン人に〝野球をしている〟と話しても〝何それ〟と言われる」と苦笑していた。

Q 13

2012年に亡くなった山本昌の父・巧は歌手でもあった。CD化された曲は。

2級

① 名古屋の出逢い　② 横浜の出逢い

③ 京都の出逢い　④ 大阪の出逢い

Q 14

2011（平成23）年10月のドラフト会議でドラゴンズが1位指名し交渉権を獲得した高橋周平は3球団競合したが、他の2球団は？

2級

① 巨人、横浜　② ヤクルト、オリックス

③ 楽天、ロッテ　④ ソフトバンク、西武

A13 ② 横浜の出逢い

「横浜《ハマ》の出逢い」は巧さんの作詞。2009年に発売された。カップリングは「祭り囃子」で、これも山本巧さんの作詞。

A14 ② ヤクルト、オリックス

東海大甲府高時代71本塁打を放ちドラフトの目玉だった高橋周平はドラゴンズのほか、ヤクルト、オリックスとの競合となったが、高木守道次期監督（当時）が抽選で勝ち取った。高木次期監督はドラフトの朝、目覚めたときホテルから「窓を開けたら、きれいないい天気。すると富士山が右の方に見えて、（クジを引くのは）やはり右だな」と思ったといい、その通りに右手で「交渉権確定」を引き当てた。オリックス、ヤクルトがクジを開封するのを待って2球団の「外れ」を確かめ、満面の笑みを浮かべた。

落合監督時代

2004〜2011

全33問

Q 15

2004（平成16）年、落合博満監督は就任一年目の春季キャンプ初日に何をした？

3級

① 長距離走　② 紅白戦

③ 騎馬戦　④ 野球拳

Q 16

落合博満監督が就任一年目に指名した開幕投手は世間を驚かせた。だれ？

3級

① 岩瀬仁紀　② ドミンゴ

③ 川崎憲次郎　④ 落合英二

A15 ② 紅白戦

2003年秋に就任した落合監督は、現有戦力を見極めたいとして翌年2月1日にレギュラーと控えの壁を取り払った紅白戦を行うと宣言。キャンプ初日としては異例のメニューを実際に敢行した。先発は野口と川崎。初日から岩瀬、川上らも登板、立浪、福留は1、2番に起用され、谷繁もマスクをかぶった。この豪華な試合にスタンドには4000人以上の観客が詰めかけ、川上はいきなり最速147キロを記録して周囲を驚かせた。選手の意識改革につながった紅白戦に、同監督は「選手はやるべきことをわかっていた。オレの予想をはるかに上回っていた」と満足そうだった。

A16 ③ 川崎憲次郎

2004（平成16）年4月2日の広島戦。大方の予想は川上だったが、開幕のマウンドに上がったのは、中日にFA移籍してから3年間、右肩痛で一度も1軍登板のない川崎だった。2回に5失点で降板。しかし、チームは広島の先発・黒田を攻略して逆転勝利した。川崎先発は奇襲に見えたが、落合監督はすでに1月3日の時点で川崎に対して開幕投手を言い渡していた。「このチームを変えるには川崎が必要だった。3年間けがで苦しんできた男の背中をみんなで押すということがな」と同監督。通算88勝の川崎は中日では1勝もできなかったが、チームのリーグ優勝を花道に同年限りで引退した。

Q 17

2004年9月12日の広島戦、山井大介の先発は試合直前どのように決まった?

2級

① スタメン表の書き間違え

② 選手の多数決

③ あみだくじ

④ じゃんけん

Q 18

シーズンの1試合4安打以上のプロ野球記録保持者はだれ?

2級

① 荒木雅博　② 井端弘和

③ 福留孝介　④ 谷沢健一

A17 ④ じゃんけん

山井か、長峰か。優勝へのマジックナンバー点灯がかかる大事な一戦で、首脳陣はどちらの投手をマウンドへ送り出すか当日まで迷っていた。そこで、練習を終えた両投手に命じたのが「じゃんけん」。先発の座をめぐる〝一発勝負〟はベンチ裏の選手食堂で行われた。結果は、山井が「チョキ」で長峰が「パー」。山井は4日前の2軍戦で7イニング91球を投げたばかりだったため、当初は3回までの予定だったが、6回までをノーヒットに抑えた。そこでベンチから「この試合をやる」と託され、9回を2安打無失点。山井にとっては2年ぶりだった勝利をプロ初完封で飾った。

A18 ① 荒木雅博

2004（平成16）年10月10日のヤクルト戦。荒木がこのシーズン9度目となる4安打の固め打ちで、96年にイチロー（当時オリックス）がつくった8度を抜き、日本新記録をマークした。「3本打った時点で、あと1本と意識していた。すごく気持ちよかった」と荒木。9回は落合監督に「打ってこいよ」と打席に送り出され、4安打目となる左前打を決めた。開幕当初は打撃の調子が上向かず、5月上旬までは打率2割そこそこ。気持ちが揺らいでいたときに、落合監督に声をかけられた。「今年、おまえを外すつもりはないから」。その後、1番に固定された荒木は安打を量産した。

Q 19

中日の最優秀中継ぎ投手賞の受賞者は4人。落合英二、岩瀬仁紀、浅尾拓也とだれ？

3 級

① 岡本真也

② 高橋聡文

③ 平井正史

④ 正津英志

A 19

① 岡本真也

シーズンを通してホールドポイント（HP）数が最も多い選手に与えられる最優秀中継ぎ投手のタイトル受賞は1996年から。過去3年間で計50試合の登板だった岡本は2004年にチーム最多の63試合に登板。勝利の方程式を担うセットアッパーとしてリーグ優勝に貢献し、森繁和投手コーチに「あいつがいなかったらと思うとゾッとする」と言わしめた。

京都・峰山高卒業後に社会人野球に進むが、所属先の廃部や休部が続いてチームを転々とした苦労人。プロに入っても変わらず、07年オフにはFA移籍の和田の人的補償で西武へ。その後も韓国球界、楽天と渡り歩き、現在は仙台で飲食店を営んでいる。

Q 20

2004年、初めて一塁手部門で規定打席に到達していない選手がゴールデングラブ賞に輝いた。だれ?

2級

① 愛甲　猛　② 渡辺博幸

③ タイロン・ウッズ　④ 新井良太

Q 21

中日ファンの直木賞作家で「野球の国」の著書があるのは?

2級

① 野坂昭如　② ねじめ正一

③ 奥田英朗　④ 安部龍太郎

A20 ② 渡辺博幸

ドラゴンズでは初めての一塁手の選出。最初は荒木から吉報を伝え聞いたという渡辺は「うそだと思いましたよ。むちゃくちゃうれしいけど、全試合出た人に申し訳ない」と恐縮しきり。このシーズン、落合監督はそれまで主に内野の控えだった渡辺の守備力を高く評価して積極的に一塁手に起用していた。

同年はやはり規定打席に達していない英智と、川上、荒木、井端、アレックスも受賞。同一球団から6人が選出されたリーグ初の快挙に、落合監督は「うちは守り勝つ野球と言ってきたからね」とうなずいていた。

A21 ③ 奥田英朗

奥田は岐阜県出身。2004（平成16）年に「空中ブランコ」で直木賞を受賞した。2003年出版の『野球の国』はドラゴンズのキャンプ地などをめぐった紀行エッセー。残りの3人は中日スポーツ（東京中日スポーツ）でエッセーを担当した直木賞作家。

Q22

岩瀬仁紀が持つシーズン最多セーブのプロ野球タイ記録は？

3級

① 36　② 46
③ 56　④ 66

Q23

2005（平成17）年11月、沖縄秋季キャンプで落合博満監督のノックを受けていた森野将彦にハプニング。何が起きた？

3級

① ハチに刺された
② 失神した
③ 逃げた
④ 監督のバットを奪った

A22 ② 46セーブ

46セーブ目をあげた瞬間の岩瀬

2005年10月1日の広島戦（ナゴヤドーム）で達成した。この日がちょうどシーズン60試合目の登板。1998年に佐々木主浩（横浜）が記録した45セーブを抜き、「緊張しました。正直、日本新記録は意識してたから。いつもと違う試合だった」と鉄仮面の岩瀬にしてはめずらしく頬を紅潮させていた。99年の入団時から救援投手。落合博満監督が就任した04年から抑え専任となった。11年には、やはりプロ野球新記録となる通算287セーブを挙げると、13年には佐々木主浩の381セーブ（日米通算）を抜き、日本人歴代1位に。9年連続30セーブ以上、15年連続50試合以上登板と金字塔を立て続けている。

A23 ② 失神した

最高気温28.5度。計120分、最後の30分は落合監督直々のノックを受けていた森野が突然、グラウンドにぱたりと倒れた。酸欠と脱水で、口はパクパク、目はうつろ。15分後にようやく立ち上がったが、トレーナーに付き添われて球場内のベッドに直行した。当時の森野は控え内野手。この翌年06年途中から立浪に代わって三塁のレギュラーに定着した。以後、「監督のノックを受けることで、いかに今まで足を使っていなかったかわかった」と自分からノックを志願するように。一方の落合監督は後年、「（森野が倒れた）あの時はどうしようかと思った」と苦笑している。

酸欠・脱水 キツすぎる
120分
森野
失神寸前

翌日の中日スポーツ3面

Q 24

2006（平成18）年、山本昌が最年長ノーヒットノーランを達成した。それまでの最年長記録保持者はだれ？

2級

① 杉下　茂　　② 金田正一

③ 渡辺久信　　④ 佐藤義則

Q 25

2006年10月15日、2球団で2度目の引退セレモニーを行ったのは？

3級

① 内藤尚行　　② 鈴木　平

③ 奈良原浩　　④ 川相昌弘

A24 ④ 佐藤義則

偶然か、必然か。山本昌が06年9月16日の阪神戦で41歳1カ月の史上最年長記録でノーヒットノーランを達成する3カ月前、ドラゴンズ－日本ハム戦で登板予定のなかった山本昌は試合前、当時、日本ハム投手コーチだった佐藤の元を訪れていた。「佐藤さん、長く続けるにはどうしたらいいですか?」。佐藤といえば、阪急、オリックスで通算165勝を挙げ、1995年8月26日の近鉄戦では、当時の最年長記録だった40歳11カ月でノーヒットノーランを達成。44歳まで現役を続けた。「走りこんでおくことが大切。足さえ動けばいくらでも投げられるはずだよ」と快く助言した佐藤の記録を、くしくも山本昌が更新した。

A25 ④ 川相昌弘

引退セレモニーで涙をこらえる川相

最後まで自らの世界記録を更新した。2006年のナゴヤドーム最終戦。すでに引退を表明していた川相は「2番三塁」でスタメン出場し、3回の打席では通算533個目の犠打を決めた。巨人一筋と思われていた。巨人で21年間活躍し、03年オフに一時は引退を表明。コーチ就任が内定し、引退セレモニーも行ったが、原辰徳監督が辞任したことで事態が急変した。引退を撤回し、落合博満監督が来るでドラゴンズに入団。堅実な守備と名人芸のバントでチームを支えた。試合後の引退セレモニーでは「ドラゴンズで過ごした3年は誇りです」とあいさつ。翌年はコーチに就任、11年には巨人に復帰した。

Q 26

2007年（平成19）年の日本シリーズMVPに輝いたのは、シリーズ4打点を挙げた中村紀洋。中村が育成選手枠だった時の背番号は？

2級

① 205　② 211

③ 222　④ 299

Q 27

2007年、リーグ優勝を逃した落合博満監督がとった行動は？

3級

① 人前で号泣した

② 背番号を返上した

③ ダンスを披露した

④ 頭を丸刈りにした

A 26 ① 205

中村にとっては激動の一年だった。2007年1月にオリックスとの交渉が決裂して退団。一時はヤクルトの古田敦也兼任監督が獲得の意向を表明するが、球団側に却下された。2月半ばになってドラゴンズの入団テスト実施が決まり、同14日に頭を丸刈りにして沖縄入り。その夜は立浪、谷繁らの部屋を回り、ドラゴンズで野球をやりたい思いを伝え、頭を下げ続けた。同25日に育成選手として年俸400万円、背番号205で契約。1カ月後の3月23日には支配下選手として年俸600万円、背番号99で再契約した。53年ぶり日本一となった日本シリーズでは18打数8安打4打点の活躍でMVPに。13年にはDeNAで通算2000安打を達成した。

A 27 ④ 頭を丸刈りにした

脱帽して頭を深々と下げた指揮官にスタンドがどよめいた。2007年10月4日のナゴヤドーム最終戦。「連覇を掲げてやってきましたが、できずに悔しい思いをされたと思います」。殊勝なあいさつ以上にファンを驚かせたのが、その頭だった。丸刈りは長男・福嗣さんとの約束だった。開幕日の3月30日。「優勝できなかったらどうするの？ 丸刈りとか？」との福嗣さんの問いかけに「いいよ。優勝するもん」と答えた様子はテレビでも放映されていた。丸刈り頭でファンに誓った日本シリーズ制覇の公約は53年ぶりの日本一で達成。ドラゴンズのGMに就任した2013年秋も、同じヘアスタイルを続けている。

Q 28

2007年の日本シリーズ第5戦、53年ぶり日本一を決める唯一の打点を挙げたのはだれ？

2 級

① 谷繁元信　② 井端弘和

③ 平田良介　④ 山井大介

Q 29

メジャー移籍した福留孝介の背番号1を受け継いだ選手はだれ？

3 級

① 堂上直倫　② 藤井淳志

③ 大島洋平　④ 野本　圭

A28 ③ 平田良介

当時19歳の若武者が打のヒーローだった。山井－岩瀬の〝完全試合〟で決まった日本一。平田が先発のダルビッシュから放った犠飛による1点が決勝点となった。「正直なところ、打てる気はしなかった。ダルビッシュさんはすごかった」。2006年に大阪桐蔭高からドラフト1位で入団した平田は、同年10月6日のヤクルト戦でプロ初安打を記録したばかりだったが、日本シリーズは第3戦からスタメン出場となった。未成年ゆえにクライマックスシリーズ（CS）を突破した際は、チームが都内飲食店で開催した食事会に参加できずじまい。日本シリーズ制覇のビールかけは「飲酒厳禁、飲む格好もダメ」という条件付きで参加した。

A29 ① 堂上直倫

青天のへきれきだった。発表は2007年12月。9年間、背番号1を着けていた福留のメジャー移籍を受けて、当時入団2年目の堂上直が背負うことになった。発表当日の正午過ぎに球団マネジャーから電話で知らされ、「〝うそー〟って感じでした。1年目も結果を出していないのに」とびっくり。父・照氏は元ドラゴンズ投手で、兄・剛裕は同じドラゴンズ選手。3球団競合の末のドラフト1位でスター性も十分なだけに、背番号変更には球団の大きな期待が込められていた。「他の球団でも1番はすごい選手しか着けていない。僕も負けずに追いつきたい」と奮闘していた。

Q 30

落合博満監督の長男・福嗣さんとテレビコマーシャルで共演した選手は？

3級

① 小田幸平　② 浅尾拓也
③ タイロン・ウッズ　④ トニ・ブランコ

Q 31

高橋聡文の福井県にある実家は何の老舗？

2級

① 呉服屋　② 旅館
③ 和菓子屋　④ 漬物屋

A30 ③ タイロン・ウッズ

異色のコラボだった。ウッズと福嗣さんは、2007年に東海地区で展開している宅配ピザチェーン、アオキーズピザのコマーシャルに出演。「父ちゃん、がんばれー」と落合監督を応援する福嗣さんと、「でら、うめえがやぁ」とユニホーム姿でピザをほお張るウッズが交互にアップで映る演出はインパクトがあった。ウッズは05年に横浜から移籍。本塁打を量産して08年までの4年間、不動の4番に君臨し続けた。本塁打王と打点王の2冠に輝いた06年の47本塁打と144打点は球団のシーズン最多記録。07年に記録したシーズン最多の122四死球も球団記録として残っている。

A31 ③ 和菓子屋

福井県高浜町の御菓子処「大次郎」は1905（明治38）年創業の和菓子店。高橋聡の兄・厚至さんが4代目となる。名物の六方焼は、こしあんを包み、6面をまんべんなく焼き上げられたお菓子。入団以来、店は「高橋聡文の実家」としても知られるようになった。その高橋聡、2002年の入団当初は故障に苦しんだが、06年秋にドミニカ・ウィンターリーグに参戦したころから飛躍。当時のドミニカの地元紙には「日本からすごい投手が来た」などと報じられ、現地でも有名になった。左腕から繰り出す150キロ超の速球を武器に、08年からは浅尾とのダブルセットアッパーとして活躍した。

Q 32

和田一浩の高校時代の同級生だった五輪金メダリストは?

3級

① 高橋尚子　② 谷　亮子
③ 井上康生　④ 岩崎恭子

Q 33

2008（平成20）年入団のマキシモ・ネルソンは、来日した初の○○リーグ出身だった。何リーグ?

2級

① トルコ　② ロシア
③ クロアチア　④ イスラエル

A 32 ① 高橋尚子

2008（平成16）年に西武からFA移籍した和田は、高木守道や英智らと同じ県岐阜商高の出身。シドニー五輪陸上女子マラソンで金メダルを獲得した高橋尚子は同級生だった。メジャー移籍した福留に代わる主軸としてドラゴンズに加入した和田は、セ・リーグ移籍1年目から打率3割以上を記録するなど実力を発揮。10年には打率3割3分9厘、37本塁打、93打点の好成績でリーグ優勝に大きく貢献、自身初のリーグMVPに輝いた。同姓で演出家の「和田勉」にちなみ、愛称は「ベンちゃん」。

なお、シドニー五輪柔道男子100キロ級の金メダリストである井上康生は神奈川・東海大相模高で森野将彦と同級生だった。

A 33 ④ イスラエル

球団史上最長身の204センチを誇るネルソンはドミニカ共和国の出身。かつてはニューヨーク・ヤンキース傘下のマイナー球団に所属し、将来を嘱望されていたが、ドミニカ出身選手の偽装結婚問題により米国から入国を拒否され、米球界でのプレーの道が閉ざされた。そこで2007年にプレーの場を求めて、同年発足したイスラエルのリーグに参戦。150キロを超える剛速球で同リーグの奪三振王となり、翌08年に入団テストを経てドラゴンズ入りを果たした。当初は荒削りで制球に苦しんだが、11年には開幕投手を務めて10勝を挙げるなど急成長を遂げた。

Q 34

2008年5月4日の阪神戦、阪神・藤川球児にとって初のサヨナラ本塁打を浴びせたのはだれ?

2級

① タイロン・ウッズ　② 中村紀洋

③ 森野将彦　④ 李　炳圭

Q 35

2008年末に井端弘和が結婚した。井端夫人となった明子さんの結婚前の職業は?

3級

① アナウンサー

② キャビンアテンダント

③ ネイリスト

④ インテリアコーディネーター

A34 ④ 李　炳圭

仰天のひと振りだった。同点で迎えた延長10回2死。2007年は6打数0安打3三振、08年もここまで3打数3三振と藤川をまったく打てていない李がフォークをスタンドに運んだ。「どんな打撃をしたのか自分でも記憶にない！」。来日2年目で初のサヨナラ本塁打。開幕当初こそ好スタートを切ったものの、その後は不振に陥ってチャンスでことごとく凡退していただけに、自分も周囲も驚きの一発だった。李は「韓国の安打製造機」の触れ込みで07年にLGツインズから入団。3年間で打率2割5分4厘とやや期待外れに終わったが、時に意外性を発揮した。

A35 ① アナウンサー

明子さんはテレビ朝日の看板アナウンサー。古館伊知郎とともに報道ステーションの総合キャスターを務めていたことで知られている。結婚前から熱心なドラゴンズファンで、「井端選手の華麗な守備はもちろんですが、試合中どんな場面でもその場その場に応じた打撃できっちり仕事する姿に日々しびれているのです」と自身のブログに書くなど井端ファンであることを公言していた。

明子さんは結婚を機にテレビ朝日を退社。一時は目の不調に悩まされた井端を内助の功で支えている。「自分をさらけ出すことのできる人が見つかれば」と結婚観を語っていた井端にとっては、33歳にして見つかった理想の女性だったようだ。

Q 36

2009（平成21）年、ドラゴンズ球団新記録の開幕から11連勝を飾った投手は？

3級

① 吉見一起　② チェン・ウエイン
③ 佐藤　充　④ 川井雄太（現・雄太）

Q 37

2009年5月7日の広島戦でドラゴンズのトニ・ブランコがナゴヤドームで放った驚きの本塁打は？

2級

① 5階席上のテレビ局の看板に当たった
② センターのライブビジョンに当たった
③ 天井のスピーカーに当たった
④ 打球が天井に挟まった

A36 ④ 雄太

独特のくせ球、スライダー気味に変化する速球「まっスラ」を武器に初登板の4月26日の巨人戦から11連勝した。主に日曜日に登板し白星を重ねサンデー川井と呼ばれた。12連勝を目指した8月6日(木曜)の阪神戦で1回に5失点、2回に3失点とめった打ちに遭い連勝が止まった。これ以降勝ち星をあげられず、09年は結局11勝5敗に終わった。楽天の田中将大投手が2013年に開幕から24連勝して話題になったが、11連勝がドラゴンズの球団記録。

A37 ③ 天井スピーカーに当たった

4回裏、新外国人のブランコが前田健太の低めの141キロをすくい上げた。打球は高さ50メートルのレフト側スピーカーに当たった。ナゴヤドーム特別ルールで外野天井のスピーカーに当たった場合は本塁打と認定されるが、1997年の開場以来、初の認定本塁打となった。スピーカーに当たらなかったと想定した推定飛距離は150〜160メートルとされる。それまで4本塁打と不振だったブランコはこの本塁打から爆発、39本塁打、110打点の2冠を獲得した。

Q 38

立浪和義が記録した通算487は何の数？

3級

① 二塁打　② 三塁打

③ 盗塁　④ 犠打

Q 39

ドラゴンズで3安打以上の猛打賞を通算で最も多く獲得した選手は？

2級

① 高木守道　② 谷沢健一

③ 落合博満　④ 立浪和義

A38 ① 二塁打

通算487本の二塁打はプロ野球記録。2005年に歴代トップに立ち、その後も二塁打を量産してきたことから、立浪は「ミスター二塁打」とも呼ばれた。1988年4月8日の大洋戦で放ったプロ初安打が二塁打なら、引退セレモニーが行われた09年9月30日の巨人戦の9回の打席で放ったのも適時二塁打。487本目の二塁打がプロ最後の安打となった。引退に関して「自分の理想の野球は打って守って走ること。今の自分は打つことだけ。それを自分で認めて、そろそろ潮時じゃないかと」と話した立浪。晩年は代打起用が多かったが、最後まで「打って走って」二塁打記録を伸ばし続けた。

A39 ④ 立浪和義

順番は立浪が175回、落合が157回(両リーグ)、谷沢が154回、高木が152回。立浪はセ・リーグでは長嶋(巨人)の186回に次ぐ2位の記録。また3安打以上を猛打賞として賞金や賞品を贈る制度を考えたのは日本野球連盟の事業部に勤務した清岡卓行で、戦後4年目だった。清岡の初任給が6000円だった当時、賞金は1万円で、500円の手数料が連盟に入ったという。その手数料稼ぎのため、職員はアイデアを出したそうだ。

清岡は後に「アカシヤの大連」で芥川賞作家となった。この話はプロ野球随想の「猛打賞」に収録されている。

Q 40

中田亮二のニックネームは？

3級

① プーさん　② ブーちゃん
③ ブンちゃん　④ 関脇

Q 41

小田幸平がお立ち台で叫ぶお決まりのフレーズは、「3、2、1、何」？

3級

① まいど！　② やりましたーっ！
③ 勝ちましたーっ！　④ 最高でーす！

A40 ② ブーちゃん

2010年の入団当時は身長171センチ、体重115キロ。明徳義塾高野球部の馬淵監督が命名したというニックネーム「ブーちゃん」を「プロでも続けたい!」とドラフト指名された際に話し、チーム内外で自然と浸透した。大好物の鶏のから揚げは「(一度の食事で)100個は食べられる」という見たまんまの大食漢だが、意外にも50メートルを6秒3で走れる快足の持ち主。沖縄春季キャンプでは、ドラゴンズファンでもあるタレント・高木ブーに激励され、注目を浴びた。

A41 ② やりましたーっ!

「やりましたーっ!」

小田が「やりましたーっ!」を初めて絶叫したのは、攻守で活躍した2010年7月19日の横浜戦後に行われたヒーローインタビュー。巨人から移籍5年目で初の本拠地お立ち台に上がり、興奮を隠せなかった。この日以降、「やりましたーっ!」はチーム内外で流行。11年末には中日スポーツ紙上で、「知ってもらえて浸透してきましたからね。できることならラミちゃんみたいにやれれば」と「アイーン、ゲッツ、ラミちゃん、ペッ」などで有名なラミレス(前DeNA)をライバル視して「やりましたーっ!」に続く言葉を募集した。多数のアイデアから「でら、うれしいがや! 3、2、1、やりましたーっ!」のフレーズに決めた。

Q 42

2010（平成22）年7月、ドラゴンズ球団史上初めて同一カード継投なしの3試合連続完封勝利を記録した3投手は？

2 級

① 山井大介、中田賢一、チェン・ウエイン

② 吉見一起、山井大介、チェン・ウエイン

③ 山本昌、中田賢一、チェン・ウエイン

④ 吉見一起、山本昌、中田賢一

Q 43

ドラゴンズでは初の2試合連続サヨナラ本塁打を放ったのはだれ？

3 級

① 森野将彦　　② 平田良介

③ 堂上剛裕　　④ 堂上直倫

A 42

① 山井、中田賢、チェン・ウエイン

7月16日からの広島3連戦（マツダスタジアム）。1戦目は山井が5安打、2戦目は中田賢が8安打、3戦目はチェンが3安打で完封した。続く7月19日からの横浜戦（ナゴヤドーム）でも1戦目（○岩田－浅尾－高橋聡）2戦目（ネルソン－清水－高橋聡－浅尾－河原－岩瀬－○平井）を継投ありで完封勝利。5試合連続完封勝利はプロ野球新記録となった。

A 43

② 平田良介

連日の「平田劇場」だった。2011年6月4日の西武戦、同点で迎えた延長11回裏2死。すでに試合開始から3時間半を過ぎていたため、ルール上、新しいイニングには入らず、引き分け寸前だった。最後の打者であることを悟った平田は一発を狙い、狙い通りに中堅左へサヨナラ本塁打を放った。これだけでもすごいが、驚きは翌5日のロッテ戦。無得点のまま迎えた9回2死の打席でも右翼席へサヨナラ本塁打。プロ野球史上8人目、ドラゴンズでは初となる2試合連続のサヨナラ本塁打でチームを連勝へ導いた。試合後、「狙っていませんでした。きょうは自分で決めるつもりがなかったので…」と話し笑いを誘った。

Q 44

2011(平成23)年に球団最多の79試合に登板して、リーグMVPに輝いた浅尾拓也の高校2年生までのポジションは?

2級

① 捕手　② 一塁手
③ 遊撃手　④ 外野手

Q 45

落合博満監督時代に6年連続でゴールデングラブ賞を同時受賞した鉄壁二遊間コンビを俗に何と呼ぶ?

3級

① アライワ　② イバチン
③ バタヤン　④ アライバ

A44 ① 捕手

ドラゴンズの中継ぎエースも中学から常滑北高2年までは捕手。2年秋の新チームから投手に転向し、エースとなった。高校卒業後は、日本福祉大学に進学。入学当時、同大は愛知大学リーグ3部で、学校のグラウンドが使用できたのは週一度だけ。寮もなければ、トレーニング施設もなかったが、練習は厳しく、近くの砂浜や山道、神社の階段などをひたすら走っていた。この地道な走り込みが奏功し、入学時は138キロだった球速が150キロを超えてプロ入り。その快速球とタフさを武器にセットアッパーに成長した。投球だけでなく、フィールディングのよさも指摘され、「捕手の経験があったからだと思う」と自己分析している。

A45 ④ アライバ

落合監督は就任以来、ことあるごとに二塁・荒木、遊撃・井端の守備力をアピールしてきた。「この2人は日本でも一番の二遊間になる。今年のオフにゴールデングラブ賞が取れなかったら、（投票資格のある）マスコミの目は節穴ということになるぞ」。春季キャンプでは自らのバットでノックを浴びせ、それは時に90分を超える量に。左右に大きく揺さぶるわけではなく、荒木によれば「飛びつくような打球は、実は休む時間ができる。監督のはそうじゃない。捕れるかどうか、ぎりぎりのところに打ってくる」とのこと。徹底した基本の反復が6年連続受賞の下地となった。

Q 46

ドラゴンズのシーズン最多三振記録を持つ主砲はだれ?

2級

① レオ・ゴメス　② タイロン・ウッズ
③ トニ・ブランコ　④ 山崎武司

Q 47

2012(平成24)年に大島洋平が32盗塁で盗塁王のタイトルを獲得した。その大島が小学生時代に指導を受けたドラゴンズOBはだれ?

3級

① 河村保彦　② 今中慎二
③ 江藤省三　④ 藤波行雄

A 46

③ トニ・ブランコ

豪快な三振は、豪快な本塁打と表裏一体。2010年にブランコが喫した158三振が球団記録となっている。ブランコは、それまで不動の4番として活躍したウッズの後任として09年に来日。米国ではマイナー暮らしだったドミニカンが、1年目からジャパニーズ・ドリームを実現させた。いきなり39本塁打、110打点をマークしてリーグ2冠王に。翌10年も32本塁打、86打点で不動の4番となり、ウッズの抜けた穴を埋めきった。パワフルな打撃でファンを魅了したが、13年にはDeNAに移籍、首位打者と打点王に輝いた。なお、シーズン最多三振の日本記録は93年にブライアント（当時近鉄）が記録した204三振。

A 47

① 河村保彦

名古屋市出身の大島は、現役時代にドラゴンズなどで主に先発投手として活躍した河村が代表を務めていた少年野球チーム「名古屋平針HBC」で野球を始めた。河村によれば、当時の大島は「体は小さいのに、足がとにかく速くて、誰よりも負けん気が強かった」とのこと。持ち味を生かしてプロに入った教え子の活躍を願っていた。一方の大島も、小学6年で同チームを卒業する際に河村から贈られた「念ずれば花開く」との言葉を胸に、プロ入りの夢を叶えた。河村は12年2月にすい臓がんのため死去。同年の盗塁王は恩師にささげるタイトルでもあった。

名古屋軍から中部日本時代へ

1936〜1953

全22問

Q 48

高校野球（前身を含む）の歴史に残る1933（昭和8）年8月19日の準決勝、中京商ー明石中の延長25回。中京商の4番を打ち、後にドラゴンズ入りしたのは？

2級

① 吉田正男　② 杉浦　清
③ 野口　明　④ 鬼頭数雄

Q 49

ドラゴンズの前身である名古屋軍は1936（昭和11）年に誕生した。その正式登録名は？

2級

① 大日本野球連盟名古屋協会
② 日本職業野球連盟名古屋
③ 名古屋金鯱
④ 名古屋野球倶楽部

A48 ② 杉浦　清

試合は中京商が1－0でサヨナラ勝ち。4番遊撃手の杉浦は明治大から入団、のちに監督も務めた。3番エース吉田は336球の完投。明治大に進んだがプロ入りはしなかった。8番だった捕手の野口は明治大、セネタースなどを経てドラゴンズ入りした。9番センターの鬼頭は大東京軍などに在籍した。

A49 ① 大日本野球連盟名古屋協会

創立当時の名古屋軍

経営の母体となったのは新愛知新聞（中日新聞社の前身）で、その重役だった田中斉は米国留学の経験があり、職業野球連盟を作ろうとした読売新聞の正力松太郎の呼びかけに単純に応じたわけではない。独自の2リーグ構想があったといわれ、それが大日本野球連盟。北海道、新潟、東京、名古屋にチームを作ろうとしたが実際にできたのは新愛知の系列だった国民新聞を母体にした大東京軍（正式には大日本野球連盟東京協会）と名古屋軍だけ。両チームとも職業野球連盟に合流したが、名前だけは譲れなかった。

名古屋金鯱（登録名は名古屋野球倶楽部）は名古屋新聞（中日新聞社の前身）が作ったが、「翼」と合併し「大洋」、後に「西鉄」となり、1943（昭和18）年に解散した。

Q 50

名古屋軍は1936年の球団創設時から外国人を採用した。同年に入団した初代の外国人選手は?

2級

① ドン・ニューカム　② ラリー・ドビー

③ ジム・マーシャル　④ バッキー・ハリス

Q 51

名古屋軍の初代監督は?

2級

① 池田　豊　② 浅沼誉夫

③ 森　茂雄　④ 岡田源三郎

A50 ④ バッキー・ハリス

当時はプロ野球が「野球をやってお金をもうける職業野球は邪道だ」として蔑視されていた時代。しかも巨人、大阪タイガースに主力を持っていかれ、名古屋としては外国人に頼らなくてはならない事情もあった。目をつけたのは1935（昭和10）年に巨人が米国遠征した時に戦った「ロサンゼルス日本」の選手。そこから名古屋はバッキー・ハリス捕手、バスター・ノース投手、松浦一義投手、高橋吉雄の4人を獲得した。

ハリスは日系ではなく米国籍の白人選手。日本に興味があり、すぐオファーを了解した。ハリスは強肩、強打の捕手としてならした。日本語の勉強にもいそしみ、マスク越しに「モシモシ、カメヨ」などと妙なアクセントで話しかけ、打者の打ち気をそらす、ささやき作戦を行った「変人」だった。しかし河野安通志総監督（代表）が新たにイーグルスを結成すると、一緒に移籍してしまった。1976（昭和51）年、一緒にプレーした選手仲間が旅費を出し合い来日、鳴海球場の跡地を見学している。

A51 ① 池田　豊

池田は早大時代三塁手として活躍。1920（大正9）年に「日本運動協会」（通称芝浦協会）を創設した河野安通志が名古屋軍の総監督となり、大学の後輩で、東京六大学の審判だった池田を監督に指名した。もっとも池田は2年目の1937（昭和12）年から審判に転身し、野球殿堂入りしている。浅沼は巨人、森はタイガース、岡田は金鯱を率いた。

なお日本初のプロ野球チームは、存続するチームでは巨人が最古だが、第一号は河野の日本運動協会である。

Q 52

現在のドラゴンズファンには「燃えよドラゴンズ!」がおなじみだが、名古屋軍ができた1936（昭和11）年に早くも応援歌「名古屋軍応援歌」はあった。その年に誕生した他球団の歌は？

2級

① 闘魂こめて

② いざゆけ若鷹軍団

③ 六甲おろし

④ 地平を駈ける獅子を見た

Q 53

1939（昭和14）年、名古屋軍の監督を務めたのは小西得郎。後に名調子の野球解説者として活躍するが、有名なセリフは？

3級

①「ベンチがあほやから」

②「普通です」

③「あっぱれ」「喝」

④「なんと申しましょうか」

A52 ③ 六甲おろし

「名古屋軍応援歌」が発表されたのは1936（昭和11）年3月。当時の新愛知新聞によると「古田本社学芸部長、神野東海ブラスバンド連盟常任理事」の作品だという。♪投げよ剛球 打てよ堅棒 いざ勝てよ～という歌詞が残っている。同じくこの年の3月、六甲おろしとして歌い継がれる「大阪タイガースの歌」が古関裕而、佐藤惣之助の制作で発表された。

「闘魂こめて」は巨人、「いざゆけ若鷹軍団」はソフトバンク（ダイエー）、「地平を駈ける獅子を見た」は西武の応援歌（球団歌）。

A53 ④「なんと申しましょうか」

小西得郎は、たとえば捕手の股間に打球が当たった時に「なんと申しましょうか、ご婦人には分からない痛さで」と話すなど、物腰のやわらかい語り口で評判になった。「ベンチがあほやから」は江本孟紀が阪神時代に残したコメント。「普通です」は高木守道が少々のファインプレーでもほめずこの言葉が有名に。「あっぱれ」「喝」は張本勲がテレビ番組で使う。

Q 54

1942（昭和17）年5月24日の大洋－名古屋戦は延長28回のプロ野球記録となった。試合時間は？

2級

① 3時間47分

② 4時間47分

③ 5時間47分

④ 6時間47分

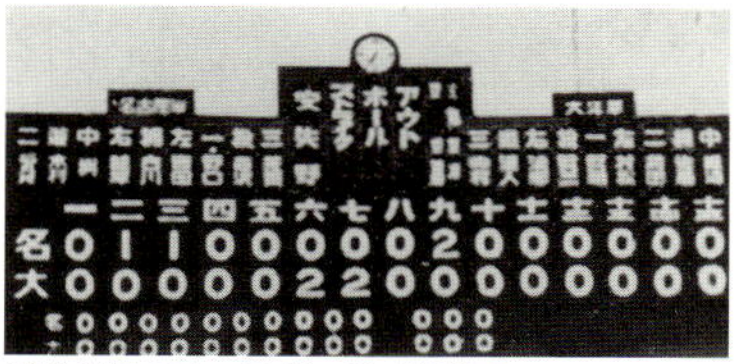

試合当日のスコアボード、後楽園

Q 55

1942年から2年連続本塁打王に輝くなど打撃の職人とうたわれた古川清蔵外野手兼捕手。引退後の職業は？

2級

① 映画記者　② 芸能記者

③ 競馬記者　④ 事件記者

A54 ① 3時間47分

場所は後楽園球場。名古屋は西沢道夫、大洋は野口二郎が先発して始まった。試合は名古屋が2点先取したが大洋が逆転。9回表に名古屋が追いついてからは両軍無得点のまま午後6時27分に日没のため4−4で引き分けとなった。両投手とも完投。球数は西沢が311、野口は344だった。

この試合は第3試合で、第1試合は名古屋が朝日と延長10回を戦って2−3で敗戦。第2試合は大洋が1−0で巨人に勝っており、まさに死闘だった。

※試合時間については3分短い3時間44分という説もあるが、日本プロ野球機構の記録などを根拠にした。

A55 ③ 競馬記者

古川は義父が調教師だった縁で競馬記者に転身し、大阪のスポーツ紙で活躍した。古川と親交が深かった中日スポーツ競馬担当の草野記者は「仲間には『フルセイさん』と呼ばれて親しまれていました。70歳過ぎまで現場に出てこられていましたが、とにかく元気な方でいつも熱心に調教を追っていらっしゃったのが印象的」と話す。古川は鹿児島県出身で、八幡製鉄を経て名古屋入り。1942年の大洋との伝説の延長28回では、9回表2死から同点の2ラン本塁打を放っている。

Q 56

戦争が激化すると、プロ野球も存亡の危機に。解散球団も出たが、1944（昭和19）年、名古屋軍はどういう名称になった？

2級

①国防軍　　②産業軍
③工業軍　　④自衛軍

Q 57

第二次世界大戦中に特攻作戦で亡くなったのは？

3級

①石丸進一　　②前田喜代士
③後藤　正　　④村瀬一三

A56 ② 産業軍

1943（昭和18）年になると野球用語の日本語化が進み、ユニホームは軍服と同じカーキ色となった。さらに同年12月には大和と西鉄が解散を発表して6球団に。翌44年には名古屋軍は名称を産業軍と改め、理研工業の社員として働いた。背番号はなかった。セ・リーグ会長だった鈴木龍二氏の著書によると同社は東京・小石川の春日町近くにあったという。さらに戦局は悪化し、同年11月にプロ野球は休止。復活は45年の11月だった。

A57 ① 石丸進一

4人とも戦死だが、特攻機を操縦して亡くなったのは石丸進一だけ。1945（昭和20）年2月、石丸は志願して特攻隊へ。5月11日に鹿児島県の鹿屋基地から沖縄方面に出撃した。基地では暇さえあれば法大野球部出身の本田耕一少尉とキャッチボールしており、出撃前にも魂のこもったキャッチボールの儀式を行ったという。

名古屋軍時代の石丸進一、撮影年不詳

石丸は佐賀商業出身。兄の藤吉も名古屋軍の選手だった。おもに投手として活躍した石丸は入団2年目の42年に17勝をマーク。43年にはノーヒットノーランも達成した。NPBが把握している戦死者は69人で、東京ドーム脇の碑に名前が刻まれている。

Q 58

終戦でプロ野球が再開された1946（昭和21）年は物資が乏しい時代。ドラゴンズユニホームの胸のマークは?

2級

① 安全ピンで留めてあった
② ノリで貼ってあった
③ ペンキで書かれた
④ 墨で書かれた

Q 59

戦後、リーグ再開時に中部日本と名を変えたチームを率いた竹内愛一監督。ある理由で杉浦清と交代した。どんな理由?

2級

① 説教好き　② たばこ好き
③ ばくち好き　④ 酒好き

A58 ③ ペンキで書かれた

当時、途中から監督になった杉浦清は著書『ユニフォームは知っている』に「CHUBU NIPPONとペンキで書かれたお粗末なもの」と書いている。

昭和22年の中部日本ドラゴンズ。この年も胸のマークはペンキで書かれた。豊川球場で

A59 ④ 酒好き

早大の名投手で、戦前は朝日の監督だった竹内。相当な酒好きで、鹿児島キャンプからひと騒動あったようだ。大和球士の『真説日本野球史』によると、外で飲んで帰ってくると選手の布団をはいで「おい起きよ」となったとか。服部受弘も「あれでみんな寝不足になりました」と同氏の取材にコメントしている。

Q 60

1982（昭和57）年に中日監督としてリーグ優勝した近藤貞雄。負傷後、投手として中日で復活の原動力となった変化球は？

3級

① フォークボール　② パームボール
③ シンカー　④ カーブ

Q 61

名古屋軍時代によく使用され、1947（昭和22）年から2年連続でキャンプを行った鳴海球場。2013（平成25）年現在どうなっている？

2級

① 電車の操作場　② デパート
③ 物流センター　④ 自動車学校

A60 ② パームボール

愛知・岡崎中（旧制）出身の近藤は、西鉄を経て巨人に移籍。1946（昭和21）年には巨人で23勝をあげた。ところがその秋、松山でオープン戦を行った夜、占領軍の四輪駆動車が猛スピードで走ってきた。それを避けようとしてどぶ川に転落。右手中指を切った。同僚投手で、当日一緒にいた宮下信明は後日、中日スポーツの取材に「翌日、現場を見に行ってがく然とした。ガラスやらがれきが散乱していた。あの兵隊もおもしろ半分に突っ込んできたのでは」と話した。

中指が曲がったままだった近藤は翌年限りで巨人を解雇されたが、一足先に中日入りしていた宮下の引きで移籍。打撃投手を務めていたところストレートがすべて変化し、これは使えるとなった。チェンジアップとも言われるが、近藤は自著『退場がこわくて野球ができるか』の中で、「あれがパームボールだと知ったのは現役を終えようとしている時だった」と書いている。

A61 ④ 自動車学校

鳴海球場は名鉄の前身、愛知電気鉄道が1927（昭和2）年に愛知県鳴海町（現名古屋市緑区）に建設。当初は愛電球場の名称で、その後鳴海球場となった。名古屋軍、金鯱軍が使用した。収容は2万人以上だったが、観客数は芳しくなかった。1959（昭和34）年に名鉄自動車学校に生まれ変わった。

1958年に撮影された鳴海球場

Q 62

チーム名が中日ドラゴンズになったのは1947年から。翌年のユニフォームの特徴は？

3級

① 胸のマークが「Doragons」

② 色違いの２種類になった

③ 縦じまだった

④ ノースリーブだった

Q 63

1948（昭和23）年8月17日、横浜ゲーリック球場で行われた日本プロ野球史上初のナイターでドラゴンズと対戦したのは？

3級

① 大陽　② 巨人

③ 大阪　④ 南海

A 62

① 胸のマークが「Doragons」

Dragonsのはずが、単純にスペルを間違えた。2013年でも「CHUNCHII」と田島慎二投手の胸マークの「I」がずれたケースもあった。ノースリーブは1968年。色違いの2種類は47年にすでにあり、縦じまは50年に登場した。

A 63

② 巨人

日本プロ野球初のナイターに客が入らなくてはと、人気の高かった巨人－中日で行われた。3−2でドラゴンズが勝った。薄暮はボールが見にくいため、試合開始を午後8時8分にしたが、現在のナイター照明の10分の1程度の明るさしかなくハプニングが続出した。

巨人の青田昇はドラゴンズ先発の星田次郎投手から死球を受け退場、暗くて近めに食い込むシュートを避けきれなかった。内野手の後ろに練習用のボールが落ちていたり、捕手のサインが投手に見えず苦労したという。さらに巨人の川上哲治の右翼への大飛球が、本塁打かエンタイトル二塁打かをめぐって試合が中断した。不慣れなナイターで、投手力が打撃を上回り試合は早いテンポで進み1時間43分でゲームセットとなった。

珍しさもあり満員札止めの大盛況だった。当時、映画館の入場料が40円だったが、チケット代は100円という高価なものだった。

Q 64

仮設の中日スタヂアムで開場記念として行われた1948年12月2日のオールスター東西対抗第7戦。贈られた賞品の乗り物は？

2級

① オートバイ　② オート三輪車

③ 自転車　④ 馬

Q 65

ドラゴンズにとって待望の本拠地となった中日スタヂアム。着工から完成までに要した期間は？

2級

① 1カ月半　② 6カ月

③ 1年　④ 2年

A64 ③ 自転車

賞品は大同製鋼（現大同特殊鋼）安城工場で製造された自転車「豊光号」。開場第一号本塁打の藤村富美男（阪神）がホームからベンチまで乗って帰ったという。物資が乏しい時代で、子豚やアヒルが賞品として出された大会もあった。

1950（昭和25）年あたりからスクーターが登場。1954（昭和29）年の日本シリーズからはMVPに乗用車が贈られるようになり、第一号としてドラゴンズの杉下茂がトヨタ賞をもらった。

A65 ① 1カ月半

現在はナゴヤ球場となっている中日スタヂアム。着工は1948（昭和23）年10月17日。もともと紡績会社があった土地だった。土台はコンクリートだが木造建造物で、工事は熊谷組が請け負い、同年12月2日には仮設の球場で東西対抗が行われた。完成は翌年1月、収容は2万2000人だった。それまで鳴海球場などを利用していたが、交通の便がよくなく主に後楽園、甲子園、西宮などで試合をしていた。

Q 66

次の中で「ブンちゃん」の愛称で親しまれた選手は？

3級

① 本多逸郎　② 杉山　悟
③ 西沢道夫　④ 服部受弘

Q 67

中日スタヂアムは1951（昭和26）年8月19日の中日ー巨人戦の途中に火災が起こり、3人が亡くなる惨事となった。スタンドで観戦していたのは？

3級

① 木俣達彦　② 高木守道
③ 山内一弘　④ 中　利夫

A66 ③ 西沢道夫

第二日野高等小学校から創設されたばかりの名古屋軍に入団した西沢。まだ14歳と若すぎたため当初の扱いは「養成選手」で、実際に登録されたのは1937(昭和12)年。身長が182センチあり、昭和初期に活躍した巨漢関脇の出羽ヶ嶽文治郎にちなみ「ブンちゃん」と呼ばれた。

入団当初は投手だったが、やがて打者として頭角を現わした。1950(昭和25)年にはシーズン最多記録でもある5本の満塁本塁打を放ち、1952年に首位打者と打点王の二冠に輝いた。1964年のシーズン途中から1967年まで監督を務め、1977(昭和52)年に56歳で死去。

A67 ② 高木守道

高木守道は当時小学生。岐阜から観戦にきていた。「兄とともに一塁側スタンドにいて、火の手があがってびっくりしました」と高木は言う。出火は午後3時58分、3回裏ドラゴンズの西沢が打席に立っていた時にネット裏から出た火は強風にあおられ木造スタンドは炎に包まれた。選手も避難誘導にあたった。出火原因については、たばこの不始末が原因とみられる。

炎はまたたく間にひろがった

木造で、スタンド下に弁当の空き箱などが散乱し、そこにファンが投げ捨てたたばこの火が引火したという説が有力である。

Q 68

名古屋軍の選手とて活躍しながら戦争で右手を失い、左手だけでノック。それでも平安高を1951（昭和26）年、甲子園制覇に導いたのは?

2級

① 石丸藤吉　　② 中村三郎

③ 桝　嘉一　　④ 木村進一

Q 69

試合最多盗塁の日本記録は6。ドラゴンズ選手として初めてそれを達成したのは?

3級

① 山崎善平　　② 中　利夫

③ 高木守道　　④ 平野　謙

A68 ④ 木村進一

木村（後に西村）は平安中から1939（昭和14）年に入団。1942年の大洋との延長28回にも出場した。しかし1945年にラバウル戦線で右手首を失った。それでも1948（昭和23）年に母校の監督に就任。義手だった右手にボールを乗せ、高くあげて左腕一本のノックでチームを鍛え、1951（昭和26）年に全国優勝した。その後、大阪産業大でも指揮をとり、その教え子に立浪和義の兄・哲也がいる。

A69 ① 山崎善平

山崎は1952（昭和27）年6月3日の大洋戦で1試合6盗塁を記録した。内訳は二盗が3、三盗が1、本盗が2だった。2人目は広島の正田耕三で、1989（平成元）年10月15日の中日戦で記録した。

初の日本一から 2度目のリーグ優勝まで

1954〜1973

全26問

Q 70

1954（昭和29）年の日本シリーズ「中日－西鉄」戦。ドラゴンズは敵地・平和台で西鉄ファンの強烈な洗礼を受けた。実際に起こったのは？

2級

① 宿舎に爆破予告電話
② 宿舎の階段にロウ
③ 電線が切られて宿舎が停電
④ 家族危篤のニセ電報

Q 71

1954年、リーグ初優勝、日本一の立役者・杉下茂投手が武器にしたのは？

3級

① 速球　② カーブ
③ ナックル　④ フォーク

A70 ② 宿舎の階段にロウ

宿舎の旅館は西鉄本社の裏にあり、杉下茂の記憶では階段の上から3つめあたりの端にロウが塗ってあったという。そのほか、旅館の仲居さんが「選手のおなかを壊すモノを出せと言われているんですよ」と話したため、球団の配慮でエースの杉下だけは外食。さらに球場では、「ただで帰れると思うなよ」とナイフで脅されたという。「月刊ドラゴンズ」2006年12月号で杉下が明かしている。そんな状況でも杉下は平和台の3試合中、2試合に登板。合計5試合3勝1敗の成績で日本一に貢献した。

A71 ④ フォーク

フォークボールの「元祖」とも「神様」とも呼ばれる杉下茂に、この変化球を教えたのは天知俊一（後にドラゴンズ日本一の監督）。杉下が明大在学中、野球部技術顧問だった天知が「フォークというのがある。中指と人差し指で挟んで投げるんだ」とヒントを与えた。だが、天知もどうやって挟むか知らず、杉下は工夫しながら練習。1948（昭和23）年秋の明立戦で1球だけ投げた。

杉下は翌49年に天知の誘いでドラゴンズに入団、この年の東急戦で強打者・大下弘をフォークで3打席3三振に抑えた。打撃の神様・川上哲治に「捕手が捕れないボールを打てるか」と言わしめた魔球の誕生だ。杉下はプロ通算215勝（ドラゴンズでは211勝）123敗。リーグ優勝した1954年には32勝をあげた。85年に野球殿堂入り。

フォークボールの「神様」と呼ばれた杉下茂

Q 72

ドラゴンズが初優勝を果たした1954年、発刊されたスポーツ新聞は?

3級

① 中日スポーツ　② デイリースポーツ
③ スポーツニッポン　④ サンケイスポーツ

Q 73

ドラゴンズの2軍が所属するウエスタン・リーグの発足は1955(昭和30)年。その前年は別の名前で2軍のリーグに出ていた。その名前とは?

2級

① 中日ダイヤモンズ　② 中日ルビーズ
③ 中日トパーズ　④ 中日パールズ

A72 ① 中日スポーツ

1954（昭和29）年2月25日、中部地方では初の日刊のスポーツ紙として「中日スポーツ」が創刊された。当時の1面は、打倒巨人をねらうドラゴンズの話題で「正に雲を呼ぶ中日」「今年こそ宿願の達成」とある。この年、ドラゴンズは快進撃を続けてセ・リーグを制し、さらに日本一に。「中日スポーツ」とファンが一体になって盛り上がった。さらに1956（昭和31）年2月23日には、のちの東京中日スポーツである「東京中日新聞」が創刊された。

中日スポーツ
龍めざす巨人打倒虎
正に雲をよぶ中日
今年こそ宿願の達成
すごい当り本格調
豪快・吉葉の手数入り
オトール

創刊当日の1面

A73 ① 中日ダイヤモンズ

所属していたのはセ・リーグを母体にした新日本リーグ。関西ファームリーグを脱退して、加盟した。中日ダイヤモンズの試合については球団職員の足木敏郎が中日スポーツにも寄稿したという。

Q 74

1955年5月にノーヒットノーランを達成した杉下茂が投げ合った相手チームの投手は？

2級

① 藤本英雄（巨人）　② 大友　工（巨人）
③ 真田重男（阪神）　④ 金田正一（国鉄）

Q 75

シーズンのカード別連勝記録はドラゴンズが1955年に樹立した「19」。相手チームは？

2級

① 大洋　② 広島
③ 国鉄　④ 阪神

Dragons

A 74

④ 金田正一（国鉄）

杉下は1955年5月10日の国鉄－中日6回戦で金田と投げ合い1－0でノーヒットノーランを達成した（ドラゴンズの1点は杉山悟の本塁打）。投球内容は内野ゴロ7、内野フライ4、外野フライ3、奪三振13で四球1。完全試合を逃した唯一の走者は四球で、投げ合った金田に与えた。

魔球王杉下と400勝投手金田の名勝負は、その後も続く。2年後の1957（昭和32）年8月21日、中日－国鉄17回戦で杉下と投げ合った金田が完全試合を達成した。8回までは0－0だったが、9回表に杉下は3連打を浴び1点を失い、結局0－1で敗れた。9回裏2死で杉下に打順が回り「オレがヒットを打ってやる」と思ったが、代打を出された。

A 75

① 大洋

6月28日の川崎球場で石川克彦が勝利投手となり、10月16日に横浜球場でのダブルヘッダー高山邦男、大矢根博臣が勝って19連勝。翌年も7連勝し、通算26連勝となった。この連勝を止めたのは明大出の新人投手、秋山登だった。

Q 76

1957（昭和32）年10月23日の巨人戦で杉下茂は200勝を達成した。この試合の巨人の相手投手が引退後についた職業は？

2級

① 歌手　② 力士
③ プロレスラー　④ 俳優

Q 77

1958（昭和33）年に早大から鳴り物入りで入団した森徹。あるプロレスラーと親交があったことでも有名で、入団会見でも同席したのは？

2級

① 力道山　② アントニオ猪木
③ ジャイアント馬場　④ サンダー杉山

A76 ③ プロレスラー

当時の名前は馬場正平。後のジャイアント馬場である。新潟の三条実業を中退して入団した。初先発となったのは1957（昭和32）年10月23日の中日戦。相手がそこまで199勝だった杉下。馬場は初先発で初回に岡嶋博治、井上登の長短打と西沢道夫の犠飛で1点を奪われた。その後は5回まで無失点だったが敗戦投手となった。

A77 ① 力道山

森の母親のぶさんが力道山と友人だった関係で親交があった。入団2年目の1959（昭和34）年5月25日、名古屋でプロレス興行があった力道山が中日球場を抜き打ち訪問。集合時間の1時間前に森がまだ来ておらず、「もっと早くきて練習せよ」と説教。その効果か森は本塁打と打点の2冠に輝いた。

力道山（左）と森徹

Q 78

ドラゴンズの永久欠番は「10」と「15」。15は西沢道夫だが、10はだれ？

3級

① 岩田次男　② 服部受弘
③ 石丸進一　④ 杉山　悟

Q 79

高木守道は現役時代、いろいろな異名があった。違うのは？

3級

① むっつり右門　② 瞬間湯沸かし器
③ 塀ぎわの魔術師　④ バックトスの名手

Dragons

A78 ② 服部受弘

代打で逆転満塁本塁打を放ち、そのままマウンドに上がって勝利投手になった元祖・二刀流。1952（昭和27）年8月2日、首位攻防の中日－巨人（中日球場）2－5でリードされた6回裏1死満塁で服部が代打に起用され、別所毅彦の速球を左中間スタンドに満塁本塁打。ベンチに戻り坪内道典監督に「後は任せて」と直訴、7回からマウンドに上がり、巨人打線を1安打無失点に抑え勝利投手になった。この年6月14日の国鉄戦でも先発、自ら満塁本塁打を放ち完投勝利を飾った。

引退セレモニーでファンの声援にこたえる

服部は愛知県の岡崎中から1939（昭和14）年に名古屋軍入り。41年にはドラゴンズ球団初の本塁打王（8本）に。兵役から復帰した46年に投手に転向、49年に24勝、50年に21勝を挙げた。この間も打力を買われ代打で活躍した。通算成績は投手で112勝65敗、防御率2.81。打者で1867打数447安打、打率2割3分9厘、208打点、本塁打33。守備位置別出場試合は投手259、捕手173、一塁手27、二塁手1、三塁手73、外野手22で遊撃手以外どこでも守った。日本一になった54年はチームの主将を務め、58年を最後に引退、背番号10は永久欠番になった。

A79 ③ 塀ぎわの魔術師

守備の達人だった高木。1968（昭和43）年にコーチになったカールトン半田のアドバイスもあり、バックトスをマスターした。ただ無口で、激情家でもあった。内野手のため塀ぎわの魔術師とは呼ばれていない。

Q 80

シーズン最多盗塁の球団記録（50）を持つのは高木守道とだれ？

3級

① 平野　謙　② 本多逸郎
③ 中　利夫　④ 岡嶋博治

Q 81

8年間在籍したドラゴンズで3度の開幕投手を務めた伊奈勉。引退後に開店し自ら腕をふるったのは？

2級

① フランス料理　② 寿司
③ うどん　④ カレー

A80 ③ 中　利夫

50盗塁を1960（昭和35）年に記録し盗塁王に。55年に前橋高から入団した中は、100メートル11秒という俊足。デビューも“足攻”で決めた。1年目の55年4月17日の広島戦。9回1死まで松山昇投手にノーヒットノーラン。ここで中が代打で登場。緊張のプロ初打席ながら「ボクは相手を知らない。相手もボクを知らない。だったら」と三塁線へバントヒットを決めて屈辱を逃れた。

67年にはバント安打14本。シーズン終盤には1試合3本のバント安打を決め手にして首位打者に輝いた。58年には一塁線へのバントを二塁打にしたことも。盗塁王は1回だけだったが通算では347盗塁をマーク。

A81 ③ うどん

名古屋で修行し、豊橋で開業した。ここで生まれて初めて味噌煮込みうどんを食べたのが鈴木孝政。伊奈とは豊川高の同級生で1953（昭和28）年に同期入団した球団職員の足木敏郎が招待した。ルーキーだった鈴木はもくもくと食べたそうだが、翌日感想を聞くと「昨日はいえませんでしたが、味が濃くてびっくりしました」。今でこそ名古屋めしの定番となっているが、千葉出身で白味噌に慣れている鈴木には衝撃だったようだ。

Q 82

新人時代の権藤博は中日スタヂアムで何度も郷愁を感じた理由は？

2級

① 左翼後方を走るSLの煙を見て

② ハーモニカの応援を聞いて

③ 好物だった焼き鳥のにおいで

④ 出前の豚骨ラーメンで

Q 83

1962（昭和37）年、ドラゴンズは初めてメジャーのタイトルホルダーを獲得。ドン・ニューカムとだれ？

2級

① ジャッキー・ロビンソン

② ラリー・ドビー

③ ポール・ホイタック

④ ケン・アスプロモン

A 82

① 左翼後方を走るSLの煙を見て

1961（昭和36）年に球団最多の35勝をあげ、翌年も30勝。権藤、権藤、雨、権藤とうたわれた大投手。佐賀県鳥栖市出身。鳥栖は鉄道で発展した町で、「社会人（久留米のブリヂストン）も実家通いだったし名古屋にもSLで来たし」と故郷を思ったという。

A 83

② ラリー・ドビー

ラリー・ドビー（左）とドン・ニューカム

ラリー・ドビーはメジャーでも歴史的な選手。黒人選手第1号がジャッキー・ロビンソンだが、ドビーは2人目でアメリカン・リーグでは初めての黒人選手。しかも本塁打王を2度獲得していた。またニューカムもメジャー初の黒人投手で第1回のサイ・ヤング賞に輝いた経歴の持ち主で、ドラゴンズでは打者として活躍した。62年は主砲・森徹らをトレードに出した影響で5月以降に10連敗するなど低迷したため、シーズン半ばに緊急補強した。

　ドビーは絶頂期の村山実（阪神）から来日初本塁打を記録するなどメジャーの片りんこそ見せたが、その2年前に現役を引退していた。そのブランクに加え年齢も37歳で、240打数54安打、10本塁打、打率2割2分5厘という成績で1年限りだった。ドビーは03年に79歳で死去したが、98年にアメリカ野球殿堂入りをしている。

Q 84

1964（昭和39）年、中日スタヂアムで開催されたオールスター戦でMVPに輝いた外国人選手は？

3級

① ジム・マーシャル

② トーマス・マーチン

③ ゲーリー・レーシッチ

④ エディ・ギャラード

Q 85

ドラゴンズの連続試合出場最多記録の保持者は次のうちだれ？

2級

① 高木守道　② 井上　登

③ 江藤慎一　④ 原田督三

A 84 ① ジム・マーシャル

現役メジャーリーガーとして63年に来日したマーシャルは、翌64年に本拠地で行われた球宴に出場。その試合のMVPに輝き、副賞として当時の日本人にとっては高級品だった軽自動車を獲得した。米国出身、しかもメジャーリーガーだったマーシャルにとって自動車など珍しくないはずだが、当の本人は思いのほか大はしゃぎ。球宴が終わると「この車で球場に通う!」と言い始めた。当時、名古屋はホテル暮らしで、日本での自宅は東京。お気に入りの軽自動車は東京に置き、後楽園球場や神宮球場で試合のある時は大きな体を小さな車体に押し込み、自分で運転して通った。

A 85 ③ 江藤慎一

入団当時の江藤慎一

江藤は社会人の日鉄二瀬から捕手として1959(昭和34)年に入団。当時、正捕手に吉沢岳男がおり、捕手としての出場は難しい。空いているポジションは前年に引退した西沢道夫の一塁。そこに目を付け、運動具店から一塁ミットをこっそり購入した。一塁は経験したことなどないのに、ミットを手に「ボク一塁をやったことがありますよ」と杉下茂監督に一塁を志願した。そんなハッタリで1年目の開幕戦から出場して6シーズン連続出場。64年には初の首位打者に輝く。

連続試合出場は65年4月16日の巨人戦までの809でストップ。右ふともも の肉離れのためで、持病ともなったが、痛み止めの注射やチューブを巻くなどして出場。その年の残り10試合で巨人の王貞治を打率で逆転し、2年連続首位打者に。その年、王は本塁打と打点の2冠を獲得していたから、江藤が三冠王を阻止した形だ。1970(昭和45)年ロッテに移籍。翌1971年に首位打者となり、両リーグで首位打者を獲得したはじめての選手となった。

Q 86

1965（昭和40）年、第1回ドラフトの指名選手で、ドラゴンズのドラフト指名を拒否したのは？

2級

① 堀内恒夫　② 鈴木啓示
③ 東尾　修　④ 平松政次

Q 87

1966（昭和41）年8月2日の巨人戦でルーキーの広野功がサヨナラ満塁本塁打を放った。打った投手はだれ？

3級

① 城之内邦雄　② 高橋一三
③ 堀内恒夫　④ 堀本律雄

Dragons

A86 ④ 平松政次

ドラフトが始まった1965（昭和40）年、ドラゴンズは岡山東商の平松を4位で指名したが拒否された。その後平松は大洋に入団した。65年の1位入団は後にスコアラーになる豊永隆盛（八代一高）。この年は11人指名し、入団はわずか5人だった。

A87 ③ 堀内恒夫

大卒（慶大）と高卒（甲府商）の違いはあるが、広野と堀内は同期入団で、堀内は新人ながら開幕から13連勝。ライバル心は相当なもの。とりわけ広野の母は毎週のように手紙を送り「堀内には負けるな!」。初対決（66年7月2日）で5打席1四球ノーヒットに抑え込まれていただけに、広野も打倒堀内用のバットを用意。通常よりも10グラム軽い935グラムのバットを練習時のみに使用して、〝その時〟に備えていた。

試合は3−5で最終回を迎え、先発の城之内が完投目前に2死満塁のピンチを残し、堀内がマウンドへ。「城之内さんから2安打していたから満塁になったら絶対に堀内が来ると確信。ネクストバッターズサークルでブルペンの堀内だけを見ていた。そしたらカーブがすっぽ抜けていた。狙いは直球一本」。狙い通り3球目のストレートをバックスクリーン右横へ。

なお広野は巨人時代にも71年5月20日のヤクルト戦（福井県営）で代打逆転サヨナラ満塁本塁打を放っている。

Q 88

1968（昭和43）年のドラフトで「君を指名する」との口約束を星野仙一はほごにされた。どこの球団？

3級

① 巨人　② 阪神
③ 広島　④ 大洋

Q 89

1968年にノースリーブのユニホームを着用したドラゴンズ。帽子のマークは？

2級

① 花文字のＤ　② 龍の絵
③ 鯱の絵　④「中」のデフォルメ

A88 ① 巨人

巨人が実際に指名したのは武相高校の投手、島野修だった。星野は「シマとホシを言い間違えたのではないか」と思ったという。星野はそれをバネに巨人戦になると燃え一躍スターになった。一方の島野は、阪急にトレードされ1978年に引退。選手としては大成しなかったが、マスコット着ぐるみの阪急「ブレービー」、オリックス「ネッピー」に入ってファンを楽しませた。島野は2010（平成22）年に59歳で亡くなった。1968年のドラフトでは阪神は田淵幸一（法大）、広島は山本浩二（法大）、大洋は野村収（駒大）をそれぞれ1位指名した。

A89 ② 龍の絵

帽子は龍の絵で、胸のマークはDの花文字だった。チームが8連敗していた5月16日、中日球場の阪神戦でお披露目。先発の山中巽が村山実に投げ勝った。その後、チームはふたたび11連敗、杉下茂監督も途中休養し結局最下位。このユニホームは1年限りでお蔵入りとなった。

ノースリーブのユニホームで力投する山中巽投手

Q 90

1968年8月24、25日の産経戦、2試合連続サヨナラ本塁打を浴びた投手は?

2級

① 小野正一　　② 田中　勉
③ 水谷寿伸　　④ 山中　巽

Q 91

引退後、マルチタレントとなった板東英二。暴露本でもブームを作った。著書は?

3級

①『プロ野球を１０倍楽しく見る方法』
②『プロ野球これだけ知ったらクビになる』
③『プロ野球仁義なき大戦争』
④『女性に捧げるプロ野球』

A 90 ④ 山中　巽

山中はプロ通算61勝。そのうち21勝（7敗）が国鉄戦というツバメキラー。ところが68年の夏には痛い目に遭った。8月24日は1点リードの最終回に逃げ切りで山中投入。2死二塁から打撃コーチ兼任の代打・豊田泰光にフォークボールを左翼ポール際へ。翌25日は同点で迎えた延長10回裏1死一、二塁でまた豊田と対決。「絶対に抑えてやる」。魂を込めたストレートはふらふらとレフトへ。「レフトフライト思ったのに」左翼最前列へ。まさかまさかの二夜連続のサヨナラ被弾。しかも同じ打者に―。「ベンチに帰るのが恥ずかしくてセンター方向にトボトボと歩き出しましたよ」。そんな山中に長谷川良平投手コーチは「くよくよするな。こういう時はマージャンでもやって、思い切り遊べ」。

A 91 ②『プロ野球これだけ知ったらクビになる』

写真提供：青春出版社

板東は大リーグを扱ったおもしろ本をヒントに本を次々出して当てた。設問の残りはすべて江本孟紀の著作。

板東は徳島商のエースとして出場した1958（昭和33）年夏の甲子園準々決勝の魚津高（富山）戦で村椿輝雄投手と延長18回引き分け、再試合の熱投でヒーローに。決勝では柳井高（山口）に敗れたが、この大会で記録した奪三振83は史上最多。翌59年にドラゴンズに入団、契約金2000万円は同期の王貞治、前年の長嶋茂雄の1800万円より高額だった。先発から「八時半の男」巨人の宮田征典投手の向こうを張って65年、救援投手に転向して、フォークボールを切り札に活躍した。プロ野球実働11年で77勝65敗。66年8月26日の巨人戦ではセ・リーグ初の1球勝利投手になった。

引退後は野球解説のほかタレント業に転身、1974（昭和49）年の20年ぶりリーグ優勝を飾ったときに歌った「燃えよドラゴンズ！」は大ヒットした。

Q 92

1969（昭和44）年、アメリカ、中南米に新リーグ「グローバルリーグ」が誕生。日本からは元ドラゴンズの森徹が監督となって参加したチームは？

2級

① 日本ドラゴンズ　② 関東ドラゴンズ
③ 東京ドラゴンズ　④ 早稲田ドラゴンズ

Q 93

1969年6月15日の巨人戦、小川健太郎が王貞治に背中から手を回す「背面投げ」を披露した。その時の判定は？

3級

① ストライク　② ボール
③ ボーク　④ ノーカウント

A 92　③ 東京ドラゴンズ

アメリカの2チーム、プエルトリコ、ベネズエラ、ドミニカ共和国、そして日本からなる6チームが加盟し森は東京ドラゴンズと名付けた。ベネズエラで開幕したが資金難のためリーグは半年で消滅した。日本から元プロ野球選手を含む25人が参加した。作家の阿部牧郎が小説「ドン・キホーテ軍団」で題材にしている。

転戦中の集合写真

A 93　② ボール

この試合で王に対して2打席で1球ずつ投げたが、球審富沢の判定はいずれもボールだった。それでも効果があり、2打席とも抑えた。練習相手をした木俣達彦は「また下から投げることも考えていたようだ」と言う。小川はオートレースの八百長事件にからみ逮捕されたが、野球の八百長には関与したわけではない。

「背面投げ」する小川健太郎投手
（ベースボールマガジン社提供）

※『中日ドラゴンズ70年史』（中日新聞社刊）120頁では、「ストライクの判定」との記述があるが、NPBの公式記録によればボールが正しい。

Q 94

偵察メンバーとして名を連ねた回数がシーズンで一番多いのは？

2級

①石井昭男　②堀込基明

③谷木恭平　④高木時夫

Q 95

ナゴヤ球場では"名古屋めし"で有名な店が営業していた。ずばり。

3級

①ひつまぶしの「あつた蓬莱軒」

②みそかつの「矢場とん」

③手羽先の「風来坊」

④手羽先の「世界の山ちゃん」

A 94　④ 高木時夫

ブルペンキャッチャーでもあった高木は1971（昭和46）年に27試合に偵察メンバーとして名を連ねた。内訳は外野が25、三塁1、遊撃1。これはセ・リーグの最多記録でもある。当時はスコアラーの数も少なく、相手先発投手が読めないことが多く、偵察メンバーを多く使った。高木は引退後にコーチ、スカウトに転身。1983年のドラフトでは、無名だった日大藤沢高の左腕山本昌の素質を見抜き、5位で指名するなど、地道な情報収集力と眼力は高く評価された。

A 95　② みそかつの「矢場とん」

矢場とんの創業は1947（昭和22）年で、小さな屋台から始まった。中日スタヂアム時代の1972（昭和47）年、矢場とん2代目の鈴木孝幸社長がバックスクリーンの裏に店を出した。初日の売り上げはわずか1200円。相当へこんだという。だが、やがて味が評判となり中日スタヂアムが閉鎖された1996年ごろまで同所で営業を続けた。現在は名古屋だけでなく東京、福岡にも出店。行列ができる人気店となっている。

2度目のリーグ優勝から
3度目のリーグ優勝まで

1974～1981

全26問

Q 96

1974（昭和49）年4月16日のヤクルト戦で3連発を放ち、開幕ダッシュの火付け役となった4番打者は？

3級

① トーマス・マーチン

② ジョン・ミラー

③ ジミー・ウィリアム

④ ロナルド・ウッズ

Q 97

1974年4月20日の巨人－中日戦（後楽園）は思わぬ理由で中断した。その理由とは？

3級

① 野犬が迷い込んだ

② すっぱだかの男が乱入した

③ 御輿がかつぎこまれた

④ ラジコンカーが疾走した

A 96

① トーマス・マーチン

「よーばん　マーチン　ホームラン」―。板東英二が歌った同年版の「燃えよドラゴンズ!」にも登場した人気助っ人。与那嶺監督が自ら連絡を取って獲得した4番打者は、来日が3月半ばと遅かったこともあり、前日まで19打数2安打と結果を出せずにいた。「この4番、大丈夫か?」と周囲がささやき始めた矢先の3連発を機に大爆発。同年35本塁打でリーグ優勝に貢献した。20代の当時から薄かった頭を隠すために、一塁ベース上でヘルメットを脱ぐとポケットに忍ばせていた帽子をすばやくかぶる愛嬌ある姿はおなじみ。多くの子供が真似したほどファンに愛された外国人選手だった。

バッターボックスで構える
トーマス・マーチン

A 97

② すっぱだかの男が乱入した

3−4でドラゴンズが1点ビハインドの8回裏1死満塁で右中間スタンドから男性は飛び降りた。最初はトイレットペーパーをふんどしがわりにしていたが、途中でハラリ。左翼を守っていた井上弘昭によると「最初は何が起こったか分からず、しばらくたってどよめきが起こった」という。試合は巨人がそのまま勝った。

Q 98

1974年9月3日の広島戦、優勝争い大詰めで9回に代打満塁サヨナラ弾を放った伏兵は？

3級

① 大隅正人　② 金山仙吉

③ 飯田幸夫　④ 田野倉利男

Q 99

1973（昭和48）年に不振に陥った木俣達彦が脱却のため自宅に設置したのは？

3級

① 打撃マシーン

② 筋トレ専用ルーム

③ ビデオ室

④ リフレッシュのサウナ

A 98

③ 飯田幸夫

1974年わずか9安打の男が土壇場で大ヒーローになった。同点で迎えた9回裏無死満塁。投手の星野仙一に代わって打席に入った飯田が歴史的な一発を放った。スラッガーではなく、ベンチのムードメーカー的な存在だった飯田に対し、与那嶺監督の指示は「ライトへフライを上げていけ」。ところが飯田はこれに従うことなく思い切り引っ張って左翼席に打球を突き刺した。この試合でドラゴンズは首位・巨人に並び、優勝への勢いを加速させた。飯田の趣味は鳩を100羽ほど飼い、レースに出場させること。数千羽で競うレースを制した1羽には「グランドスラム」と名を付けたという。

A 99

① 打撃マシーン

1967（昭和42）年から6年連続2けた本塁打を放ち、強打の捕手として活躍した木俣。1973年は9本塁打と成績が落ち込んだ。そこで当時名古屋市内にあった自宅の庭に自費で購入した打撃マシーンを設置して打ち込んだ。「閑静な住宅街だったから、かなり近所迷惑だったと思う。女房が謝って歩いていた」と木俣。1974年には18本塁打を放ちリーグ優勝に貢献した。

自宅に設置した打撃マシーン

Q 100

1974年10月11日のヤクルト戦（神宮球場）、6回表に同点打を放った木俣達彦捕手が捕手・大矢からかけられた言葉は?

2級

① きのう銀座で飲んでましたね

② そんなに震えていたら打てませんよ

③ 絶対に打たせませんよ

④ 酒臭いですね

Q 101

1974年10月12日、20年ぶりリーグ優勝を決める最後の打球を捕球したのは?

3級

① 高木守道　② トーマス・マーチン

③ 井上弘昭　④ 島谷金二

A 100 ② そんなに震えていたら打てませんよ

この試合を含め残り5試合で優勝へのマジック3ながら、ヤクルトに負ければマジック消滅のピンチ。ゲームも0－2の劣勢で迎えた2死満塁で木俣は打席に立った。「足はガタガタ。バットを構えても震えが止まらなかった」と木俣。そんな中で決めた同点打。「ボールカウント、球種はおろか打った方向もさえ分からなかった。かろうじて一塁に立った時にライトから返球が来たから、ああ右へ打ったんだと分かった」。再びヤクルトに1点を勝ち越されたが、9回表に木俣の左越え二塁打をきっかけに同点として引き分けに。「あれははっきり覚えている。浅野（啓司）のストレートをどんぴしゃりで打った。あの引き分けで優勝を確信したね」

A 101 ④ 島谷金二

大洋・山下大輔のライナーを捕球したのは三塁手の島谷だった。「プロなんてとても無理」と、ドラフト指名を3度目も拒否して4度目のドラゴンズでようやく入団。プロ6年目に主力として歓喜の瞬間に立ち会った。同日の大洋とのダブルヘッダーでは1試合目に先制2ラン、優勝が決定した2試合目もソロ本塁打を放っている。優勝直後にはスタンドの観衆がグラウンドになだれ込み、帽子を奪われた選手がいたが、島谷は手にしていた優勝ボールを守り切り、そのまま自宅へ持ち帰った。現在は高知県在住で、「（ボールは）家の中のどこかにはある。そやけど、わからん」とか。

Q 102

1974年、長嶋茂雄に現役最後の安打を献上した投手は?

2級

① 村上義則　② 渡部　司
③ 堂上　照　④ 佐藤政夫

Q 103

20年ぶりのリーグ優勝に導いた与那嶺要監督が日本のプロ野球に入る前にしていたプロスポーツは?

3級

① プロレス
② アメリカンフットボール
③ バスケット
④ テニス

A 102　③ 堂上　照

堂上照は堂上剛裕、直倫の父親。1971（昭和46）年にドラゴンズに投手として入団し、長嶋の引退試合となった74年10月14日のダブルヘッダー第1試合、中継ぎでプロ入り初登板。第2試合にも3番手で登板し、5回裏に長嶋の生涯安打2471本目を中前ヒットで決められた。長嶋は第1試合の先発だった村上義則から通算444本目の本塁打を放っているが、捕手の新宅洋志はこう打ち明けた。「あの試合の時、巨人の牧野ヘッドコーチが〝打たせてやれよ〟って言ってきてね。ホームランの打席では『インコースの真っすぐ』って何げなくつぶやいたんだ」。ホームインした長嶋サンもひと言。「サンキュー!」。ちなみに守備で最後に長嶋サンが三塁ゴロを処理した打球は新宅が放ったものだった。

A 103　② アメリカンフットボール

ハワイ生まれの日系人の与那嶺はスポーツ万能。とくに野球とアメリカンフットボールに熱中。ホノルルのファリントン高校時代にはハーフバックで活躍し、ハワイ高校リーグで優勝してMVPに。卒業後、野球ではハワイリーグのノンプロ「アサヒ・チーム」に所属すると同時に野球のシーズンオフにはアメフットではファリントン高OBチームに。そのOBチームでカリフォルニア州に遠征時、サンフランシスコ・フォーティナイナーズのコーチから勧誘されて1947年に入団した。ところがアメフットのシーズンオフにハワイで野球をしていた際に、スライディングで左手首を骨折。これが原因で契約解除となってしまった。

Q 104

1974年のロッテとの日本シリーズで、ドラゴンズは2勝4敗で敗れた。その敗因のひとつは?

3級

①ビールかけによる風邪

②二日酔い

③ファンとの握手で手がはれた

④サインの書きすぎで腱鞘炎に

Q 105

1974年に20勝をあげて優勝に貢献した左腕の松本幸行。捕手の返球を受けるやいなや投球することでも有名だった。今でも言われていやがる言葉とは?

2級

①「人を食ったピッチングだ」

②「試合が早すぎた」

③「ノーサインだった」

④「球が遅かった」

A 104 ③ ファンとの握手で手がはれた

ドラゴンズは日本シリーズ直前の1974（昭和49）年10月14日に、セ・リーグの優勝パレードを名古屋市内で敢行した。当日は巨人・長嶋茂雄の引退試合があったが、主力選手は欠場してパレードに参加した。ドラゴンズ優勝当日に長嶋引退会見があったことで、物議を醸した。パレードではオープンカーの上から沿道のファンと握手したのはいいが、木俣達彦によると「気の緩みもあったかもしれないが、みんな手がはれた」という。

A 105 ④「球が遅かった」

1970（昭和45）年にドラフト4位でデュプロから入団した松本。ちぎっては投げの怪投で打者を煙に巻き、早投げのマツとも呼ばれた。1974年には20勝をあげてリーグ優勝に貢献。1975、77年には開幕投手も務めた。阪急に移籍し、引退してからはサラリーマンとなり野球界から離れた。ただ、球の遅さを指摘されるのがもともと嫌いで、2012（平成24）年、中日スポーツの取材を受けた時も「ぼくの球は速かったんです」とムキになっていた。投手にとってストレートはやはり生命線なのだ。

Q 106

谷沢健一がアキレスけんを治すために患部に塗っていたものは？

3級

① 日本酒　② ワイン
③ 焼酎　④ ビール

Q 107

燃える男・星野仙一はプロ入り3年目から背番号「20」となったが、プロ入り時の背番号は？

2級

① 11　② 22
③ 33　④ 14

A 106

① 日本酒

早大からドラフト1位で1970（昭和45）年に入団し、新人王さらに7年目の76年に首位打者を獲得した谷沢だったが、大学時代に足をねん挫。治療せずに痛み止めの注射などで済ませていた。それが78年ごろに走れないほど悪化してしまった。以降、治療行脚の日々。「30軒ぐらいの病院や治療院をはしごした」。だが、一向に良くならない。そんな中、ファンからの電話で日本酒マッサージと出会う。両足アキレスけん痛によるブランクは約2年。80年に2度目の首位打者さらにカムバック賞に輝いた。

A 107

② 22

岡山生まれの星野にとって、あこがれは阪神のエースだった村山実。その背番号は「11」だったが、入団時、中日では徳武定之が付けていた。村山の「2倍」ということで「22」を付けた。3年目からは「20」に。杉下茂、権藤博が付けた竜のエースナンバーを受け継いだ星野は、自宅の電話番号や車のナンバーも「20」にしたほど。

Q 108

1974年に2度目のリーグ優勝を果たしたドラゴンズ。三塁コーチの森下整鎮は、どんなサインで話題になった?

3級

① ピストンサイン　② シリンダーサイン
③ フラッシュサイン　④ ノーサイン

Q 109

1974年に発表された「燃えよドラゴンズ!」。作詞作曲は山本正之。山本作品でないものは?

2級

①「うぐいすだに
　ミュージックホール」
②「金太の大冒険」
③「タイムボカンの歌」
④「おじゃまんが山田くん」

「燃えよドラゴンズ!」のレコードジャケット

A108 ① ピストンサイン

八幡高校出身の森下は、南海で選手として活躍。中日にはコーチとして1969年に迎えられ、1977年まで在籍した。選手を飽きさせない練習メニューを作成、作戦と守備面では与那嶺監督から全幅の信頼を寄せられていた。両手を上下にピストンのように素早く動かすブロックサインは、名物になった。山本正之作詞の応援歌「燃えよドラゴンズ!」でも一節に取り上げられている。

A109 ②「金太の大冒険」

山本正之はアニメの主題歌や挿入歌、コミックソングも得意としている。「うぐいすだにミュージックホール」はストリップ劇場をテーマにした歌で、1975年に落語家の笑福亭鶴光が歌ってヒット。同年にはパチンコを題材に間寛平が歌った「ひらけ! チューリップ」を発表した。「金太の大冒険」は、つボイノリオの歌で、やはり75年発表のコミックソングである。

Q 110

応援歌「燃えよドラゴンズ！」は歌詞だけでなく歌手も替えて歌い継がれている。レコード（CD含む）を出しているのは？

3級

① 南　利明　　② 南　沙織

③ 三波春夫　　④ 三波豊和

Q 111

次の中で東京六大学出身でないのは？

3級

① 谷沢健一　　② 藤波行雄

③ 広野　功　　④ 井手　峻

A 110　① 南　利明

1975（昭和51）年に「燃えよドラゴンズ！ V2」を歌った南利明は名古屋育ちのコメディアン。旧制南山中出身で「ハヤシもあるでよ～」のCMでも有名だった。

A 111　② 藤波行雄

藤波は1974（昭和49）年、静岡商業、中央大を経てドラフト1位で入団した。中大が所属する東都大学リーグで1年からレギュラーとして活躍し「安打製造機」と呼ばれた。ドラゴンズでは74年に新人王を獲得。権藤博（1961年）、谷沢健一（1970年）に次ぐ3人目のタイトルを獲得した。広野は慶大、井手は東大、谷沢は早大で、いずれも東京六大学リーグで活躍した。同リーグ出身ではほかに明大の星野仙一、立大の谷木恭平らがいる。

Q 112

同志社大から1975（昭和50）年のドラフトで1位指名され、入団した田尾安志。タレントの三田寛子とのテレビCMでも人気となった商品は？

2級

① にんにくドリンク　② お米
③ シャンプー　④ 仏壇

Q 113

1975年9月11日の広島戦（広島市民）は天候以外のある珍しい理由で中止となった。その理由とは？

2級

① 審判員の乗った列車が遅れた
② 用具運搬車が到着しなかった
③ 照明灯が故障した
④ 警備に不安があった

A 112 ③ シャンプー

商品は「花王トニックシャンプー」。出演は田尾だった。三田寛子が歌う村下孝蔵の「初恋」が流れるさわやかなCMで、田尾は三田にドラゴンズマーク入りの帽子をかぶせた。その後東海地区ではコーワの「ミカロン」というフケ取りシャンプーのCMが流れた。これは小松と牛島の共演で、小松が「ぼく先発、ミカロンで洗髪」、牛島が「ぼく抑え、ミカロンでフケを抑えます」と呼びかける、ちょっと笑える内容だった。無臭ニンニクドリンクはマーチン、お米は宇野、仏壇は星野と木俣によるCMで声の出演だけだった。それぞれ東海地区で流れた。

A 113 ④ 警備に不安があった

中日は1975年、広島と激烈な優勝争いを繰り広げていた。9月10日の対戦（広島）で中日は1点リードで迎えた9回裏2死二塁で山本浩がセンター前ヒット。二塁から三村が本塁をつくも、新宅の激しいタッチでアウト。このとき、吹き飛ばされる形になった三村が激怒、両軍入り乱れる大乱闘となった。それどころかスタンドからもファンがなだれ込んで収拾がつかなくなった。この騒動で星野、谷沢ら10人ほどの中日選手が負傷した。かつて球界のお荷物とまで言われた広島は、赤ヘル旋風のまっただ中。初優勝に盛り上がるカープファンは殺気立ち、翌日はとても試合ができる状況ではなく中止となった。そしてカープはこの年、中日の連覇を阻んで初優勝を果たした。

Q 114

1975年、1安打足りずに首位打者を逃したのは？

3級

① 高木守道　② 木俣達彦

③ 島谷金二　④ 井上弘昭

Q 115

初登板の第一打者が大洋の平松政次投手。そこで被弾しながら中継ぎで勝利。翌日も勝ち、2日で2勝した幸運な投手は？

2級

① 青山久人　② 藤沢公也

③ 早川　実　④ 土屋正勝

A 114 ④ 井上弘昭

1安打足りずに首位打者を逃した井上弘昭

既に全試合を終えた広島・山本浩二は451打数144安打。打率3割1分9厘2毛9糸でトップ。2位の井上は1試合を残し、465打数148安打、3割1分8厘2毛7糸でその差は1厘2糸。最終戦の第1打席でヒットすれば逆転。凡退しても3打数2安打か4打数2安打ならひっくり返すことができた。

阪神の先発・米田哲也に対し、第1打席は凡退も2打席目に左翼線二塁打。3打席は三振。ラストチャンスは8回裏。ここでヒットを決めれば逆転首位打者―。2球目を外角と予想した井上は踏み込む。だが内角に投げ込まれ、左太もも付近をかすめた。球審の山本文男は死球の判定で一塁を指す。「当たってない! バットだよ、バットなんだ!」。井上の抗議に山本は言った。「おい、ヒロアキ、これは誰が見ても当たってるんだ」。

通算死球は137で球界4位の井上にとって、この死球は痛恨だった。

A 115 ③ 早川　実

西濃運輸からドラフト4位で1976（昭和51）年に入団した早川は3年在籍し通算2勝。1976年4月10日に中継ぎで勝利、翌11日も中継ぎで勝った。この2日でプロ野球選手としての運を使い果たしてしまった。その後、球団職員、投手コーチなどを経て現在は楽天で編成を担当している。

Q 116

1976（昭和51）年、シーズン7本の代打本塁打の日本記録を作ったのは？

3級

① 飯田幸夫　② 大島康徳
③ 江藤省三　④ 伊藤泰憲

Q 117

1976年から77年にかけ、後楽園球場で19連敗。「後楽園には○○がいる」と言われた？

3級

① 妖怪　② 魔物
③ 赤鬼　④ 悪魔

A 116 ② 大島康徳

大島康徳の豪快なバッティングフォーム

1976年、大島は5日間で3本の代打ホームランを放ったことも。「あの時、スタメンだと結果がでない。1打席の方が集中力が出るということで代打に。そこで打てなきゃ後がないから余計に集中力が高まった」。83年には36本塁打でホームランキングを獲得するなど現役通算382本塁打。そのうち代打で20本。日本ハム時代には代打満塁弾を2度記録した。

A 117 ② 魔物

76年に巨人の本拠地・後楽園球場のグラウンドが人工芝になった。開幕前には人工芝球場完成を記念してセ・リーグトーナメント大会が行われ、中日は準決勝で巨人に10－7と打ち勝つなどして優勝。ところが公式戦になるとまったく勝てない。76年は1引き分けをはさんで巨人に12連敗。2年目の77年も7連敗。セ・リーグ記録の同一球場20連敗目前の18回戦でようやく1点差で逃げ切った。2ランホームランを放ち、ヒーローインタビューを受けた木俣達彦は「やっと勝てたなぁ。人工芝、人工芝って、周りから魔物のように言われて、それでこっちが意識してしまった」。

Q 118

1977（昭和52）年5月14日の巨人戦。満塁ランニング本塁打を放ったのは？

3 級

① 谷木恭平

② トーマス・マーチン

③ ウィリー・デービス

④ 正岡真二

Q 119

投手として一度は達成したいノーヒット・ノーラン。なかにはあと1人で記録達成という9回2死で快挙を逃した人も。その悔しさを味わったのは？

3 級

① 星野仙一　② 松本幸行

③ 権藤　博　④ 三沢　淳

A 118 ③ ウィリー・デービス

疾走するウィリー・デービス

デービスの経歴はメジャーでも際立つ。通算2561安打で、ドジャースがチームの戦法を体系化した『ドジャースの戦法』という本に、走塁のお手本として登場するほど。そんな男が見せた離れ技。7回2死満塁でマウンドに西本聖。シュートを強引に引っ張った打球は右翼へ。右翼・二宮が背走しフェンス際でジャップも及ばす、ボールは跳ね返りグラウンドを転々。走者一掃さらにはデービスまでもスライディングすることなくホームを駆け抜けてしまった。打ってからホームインまで約16秒！ ただし天衣無縫さもハンパじゃない。キャンプ中には「きょうは練習をしたくない。ゴルフへ行こうぜ」。シーズン途中に夫人に生活費を渡すため、上下ジャージー姿でハワイへ…。ハプニングの数々でも記憶に残る助っ人だった。

A 119 ④ 三沢　淳

1979（昭和54）年6月8日の巨人戦（ナゴヤ球場）。サブマリン投法で鳴らした三沢は、9回2死から中井の代打だった柳田にライト前ヒットを許した。続く篠塚は内野ゴロに抑えて完封勝利は成し遂げた。三沢は引退後、野球解説者になったあと、衆議院議員に当選。元プロ野球選手では珍しい代議士となった。中日ではほかに66年9月26日の巨人戦（後楽園）で佐藤公博が9回2死までノーヒットノーランを続けながら柴田に二塁打を打たれ、最終的には1−3で敗戦投手となった。天国から地獄へ真っ逆さまだった。

Q 120

1979（昭和54）年5月24日の大洋戦、ギャレットの本塁打が取り消された。どうして？

2級

① ベースを踏み忘れた

② ファンが身を乗り出してキャッチした

③ 放棄試合だった

④ 走者を追い越した

Q 121

1981（昭和56）年8月26日の巨人戦、遊撃手の宇野勝は山本功児の打球をどこで弾いた？

3級

① 足　　② 肩

③ おでこ　　④ 胸

A 120 ④ 走者を追い越した

右翼席に打球は飛び込んだが、一塁走者・高木守道は捕球されるかもしれないと自重しており、ギャレットが追い越してしまった。ベース踏み忘れは巨人の長嶋茂雄、ファンの捕球は1964（昭和39）年にあり、ドラゴンズのマーシャルが取り消しとなった。

A 121 ③ おでこ

この試合前まで、巨人は159試合連続得点中。先発の星野仙一は6回まで散発2安打無失点と完封ペース。事件は7回裏に起きた。1死から代打柳田の打球を一塁・谷沢がトンネルして二塁に。2死後、代打山本功の打球はフライとなって遊撃後方へ。「左打者特有の打球で左に切れながら飛んだ。自分じゃ捕球したつもりだった」と宇野。

ところがグラブを素通りし、おでこで大きく弾んだ打球は左翼ポール際まで転々と。二塁走者はホームインの〝オウンゴール〟。打者走者の本塁生還こそ阻止したが、連続得点を止めることができなかった。「あの年、広島の山本浩二さんも巨人戦で〝ヘディング〟をやっていた。でもクローズアップされたのはボクばかり」と宇野。当時から始まったTVの特別番組「珍プレー好プレー」で初代の珍プレー大賞に。でも、そのおかげで知名度は一躍全国区に！

4度目のリーグ優勝、
そしてナゴヤ球場フィナーレ

1982〜1996

全30問

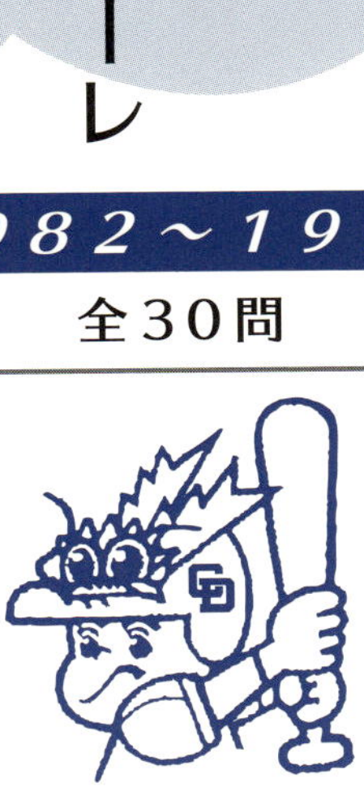

Q 122

1982（昭和57）年9月28日、江川卓を攻略した伝説の巨人戦。9回先頭で安打を放ったのは？

2級

① 豊田誠佑　② 川又米利
③ 田尾安志　④ ケン・モッカ

Q 123

1982年10月18日の大洋戦、首位打者を争う田尾安志が打席でとった驚きの行動とは？

3級

① バットを持たずに打席に立った
② バットを逆さまに持った
③ 敬遠球を空振り
④ 右打席に立った

A 122 ① 豊田誠佑

9回裏を迎えてスコア2−6。しかもマウンドには江川卓。どう見ても分が悪い。ところが、先頭の代打・豊田からモッカ、谷沢健一がいずれもカーブを打って無死満塁。大島康徳の犠飛を挟んで、宇野勝と中尾孝義は速球をはじき返しての連続タイムリーであっという間に同点に持ち込んでしまった。「江川は常に完投を意識してペース配分もしっかりするタイプ。ところがあの日は最初から飛ばしていた」とはネット裏にいた江崎昭雄スコアラー。球界ではいち早くコンピューターを導入してデータ解析に取り組んでいたが、それも奏功しての江川攻略。延長の10回裏には大島がサヨナラ打を決めて、優勝へのマジック12が点灯した。

A 123 ③ 敬遠球を空振り

田尾安志

横浜スタジアムで迎えたシーズン最終戦。この大洋戦に勝てばチームはリーグ優勝。加えて田尾には首位打者のタイトルもかかっていた。トップの大洋・長崎慶一が396打数139安打で打率3割5分1厘。田尾は497打数174安打の3割5分1毛。その差はわずか「9毛」。ヒット1本打った時点で逆転。チーム優勝へ田尾は一番でスタメン出場も、長崎はベンチ待機。大洋ベンチは逆転阻止へ田尾に敬遠攻勢。田尾も「勝利につながる仕事をする。それだけだった」。その敬遠出塁をきっかけに得点を重ね、7回まで8−0とVは決定的。そんな状況で迎えた8回表の5打席目。ボールの軌道とは別に田尾はバットを振った。「勝負は決した。もう三振して帰ろうと思った」。2球目もスイング。そのときベンチから黒江透修打撃コーチが飛んできて田尾を説得。「打つな。よく貢献したんだから、ここは静かに歩きなさい」。真剣勝負を挑めなかった悔しさと怒りをこらえ、田尾は静かに歩いた。

Q 124

1982年のリーグ優勝時に主に「3番三塁」で活躍。その後、メジャーリーグで監督を務めたのは？

3級

① ケン・モッカ

② ウェイン・ギャレット

③ ボビー・ジョーンズ

④ マーク・ライアル

Q 125

1982年に木俣達彦から正捕手の座を奪い、リーグMVPに輝いた中尾孝義が使用した用具で話題を集めたのは？

3級

① バット　② レガース

③ ミット　④ ヘルメット

A124 ① ケン・モッカ

入団1年目の1982年から打率3割1分1厘、23本塁打、76打点と活躍。内野守備に難があったものの、谷沢健一、宇野勝らとともに強竜打線の一役を担った。巨人の江川卓を苦手としたが、シーズン終盤の勝負どころで克服。江川から2発を放ってチームに勢いをつけた。練習熱心で早くからチームに溶け込み、まじめかつユーモアのある人柄も愛された。85年に現役を引退して帰国。日本での引退試合では、試合後にグラウンドでナインから胴上げされた。帰国後は指導者として手腕を発揮。マイナー監督やメジャーのコーチを経て、アスレチックス、ブルワーズの監督を務めた。

ケン・モッカ

A125 ④ ヘルメット

今では捕手は守備時にもヘルメットを着用しているが、当時では珍しく、つばのない形のため、漫画の「一休さん」から「一休ヘルメット」と呼ばれた。俊足にして強肩。入団当時、「捕手像」を変えた男と言われた。捕手歴は滝川高（兵庫県）の1年秋に強肩を買われて外野手から転向。秋の県大会でいきなりアクシデントに襲われた。空振りのバットが中尾の後頭部を直撃して流血。救急車で運ばれ数針縫う惨事に。「大学（専修）時代に、そのことを話したら、監督がアメリカで捕手用のヘルメットを買ってきてくれた。プロ1年目はそれをブルーに塗り替えて使った。2年目からメーカーに特注したんです」

Q 126

1983（昭和58）年に創刊されたドラゴンズ専門誌「月刊ドラゴンズ」創刊号の表紙を飾ったのは？

2級

① 牛島和彦　② ケン・モッカ

③ 郭　源治　④ 近藤貞雄

Q 127

リリーフエースとして活躍した牛島和彦と浪商でバッテリーを組み、甲子園を沸かせた捕手は？

3級

① 木戸克彦　② 嶋田宗彦

③ 香川伸行　④ 藤田浩雅

A 126 ① 牛島和彦

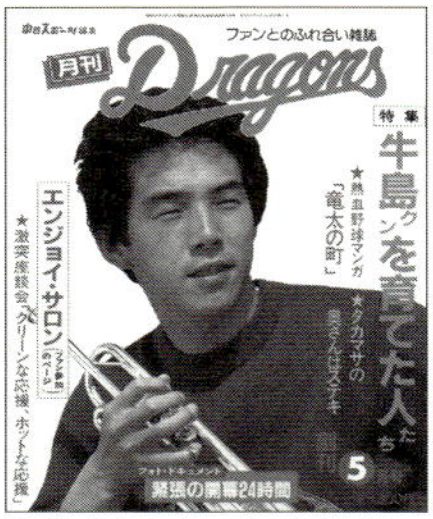

「月刊ドラゴンズ」創刊号の表紙

創刊の5月号はフレッシュなイケメンが表紙だった。さわやかなイメージを演出するためだろう、トランペットを手にするポーズが採用された。誌面は牛島を特集した記事のほか鈴木孝政宅訪問、野球マンガ「竜太の町」などの企画が展開されている。6月号の表紙は都裕次郎、7月号は上川誠二だった。2013（平成25）年に創刊30年を迎えた。

A 127 ③ 香川伸行

牛島は浪商で「ドカベン」と呼ばれた香川とバッテリーを組み、春夏の甲子園に計3回出場。1979（昭和54）年のセンバツでは準優勝も。80年にドラフト1位で入団したが、1年目の春のキャップ。稲尾和久投手コーチがミーティングで「9回2死満塁のピンチ、ここで何を投げる」という問題を出したところ、18歳の牛島は「どういう状況なのか、詳しいことが分からなければ、答えられません」。これに象徴されるように、細身の体系ながら打者心理を読んだ頭脳的な投球で、プロ2年目から1軍に定着。主にストッパーとして活躍。87年に落合博満との1対4のトレードでロッテに移籍した。

Q 128

教え魔だった山内一弘監督。そのニックネームは?

3級

① カールおじさん　② かっぱえびせん

③ とんがりコーン　④ 暴君ハバネロ

Q 129

1987(昭和62)年8月9日、ルーキー近藤真一がノーヒットノーランを達成した相手チームは?

3級

① 阪神　② 巨人

③ 広島　④ 大洋

A 128

② かっぱえびせん

教えだしたら「やめられない。止まらない」。かっぱえびせんのCMキャッチフレーズからその名が付いた。現役時代も「シュート打ちの名人」として鳴らし、数々のタイトルを獲得。中日では1984年から86年のシーズン途中まで監督を務めた。84年は終盤広島と首位争いを終盤したが、かつて臨時コーチで教えた広島の高橋慶彦をゲーム前にネット裏で打撃指導するシーンも。

A 129

② 巨人

ナゴヤ球場は興奮のるつぼと化していた。巨人にヒットが出ない。9回2死でマウンドには高卒ルーキーの近藤、バッターは篠塚利夫。高めのカーブにバットが動かない。球審の右手が挙がり、史上初の初登板でのノーヒットノーランが誕生した。このとき近藤は18歳11カ月で史上最年少の勲章も。27アウトの内訳は三振13(見送り7)、内野ゴロ7、内野フライ2、外野フライ5。許した走者は四球の二人(いずれも山倉和博)と二塁ゴロ失策の鴻野淳基だけだった。この快挙もあり、年末のNHK紅白歌合戦のゲスト審査員も務めた。これもドラゴンズ選手では「初」。

ノーヒットノーランを達成した近藤真一投手

近藤はちょうど1年前の8月9日、享栄高(愛知)のエースとして甲子園球場で登板。唐津西高(佐賀)から毎回の15三振を奪い1安打完封した記念日でもあった。近藤は86年ドラフトの目玉となり、ドラゴンズのほかヤクルト、阪神、広島、日本ハムの5球団が競合。就任したばかりの星野仙一監督が引き当てた。

Q 130

ドラゴンズからパ・リーグへ移籍、1989（平成元）年の本塁打王のタイトルを獲得した強打者は？

3級

① ブーマー　② デストラーデ
③ ブライアント　④ トレーバー

Q 131

1988（昭和63）年1月21日、キャンプ地の沖縄に向かう落合博満が名古屋の空港で持参した缶が手荷物検査でひっかかった。何が出てきた？

2級

① プロテインの粉　② 粉ミルク
③ 抹茶の粉　④ まむしの粉

A130 ③ ラルフ・ブライアント

1988年にドジャーズ傘下の3Aからドラゴンズに入団したブライアント。第3の外国人という立場だった。当たれば抜群の飛距離を記録したが、2軍でも変化球に対応できず苦戦。開幕直後の4月18日、1軍出場がないまま近鉄の求めに応じて金銭トレードを決めた。ところが近鉄で大活躍。1989年に本塁打王、1993年には本塁打王、打点王の二冠に輝くなど逃した魚は大きかった。

ドラゴンズ時代のブライアント

A131 ② 粉ミルク

当時、長男が誕生したばかり。粉ミルクを飲んですこやかに成長する福嗣君を見て「大人にだっていい栄養になるはず。牛乳よりうまい」とバッグに忍ばせた、ところが手荷物検査であけたところ粉ミルクが出てきて赤面する羽目になった。

Q 132

1988年にドラゴンズは星野仙一監督のもと3度目のリーグ優勝を果たした。当時のコーチで参謀として41歳の熱血監督を支えたのは？

3級

① 徳武定之　② 島野育夫

③ 仁村　徹　④ 森　繁和

Q 133

1988年5月13日、巨人の槙原寛己からサヨナラ本塁打を放ったドラゴンズの投手は？

2級

① 郭　源治　② 小野和幸

③ 小松辰雄　④ 杉本　正

A 132 ② 島野育夫

島野は星野監督が誕生する1年前の1986年、山内監督時代にコーチを務めていた。星野より3つ上の情熱家で、選手育成とチームのまとめ役としての貢献度は高かった。1995年には代理監督も務めた。星野が阪神監督になると、片腕として移籍して優勝に貢献した。2007年に63歳で死去。徳武は1992年から第一次高木監督時代の、仁村は星野監督が楽天に移ってからの、また森は落合監督時代の参謀。

A 133 ① 郭　源治

7回から米村明をリリーフした郭だったが、1点リードを守れない。4−4で迎えた9回裏、延長を見越して星野監督は郭をそのまま打席に送った。「レフトフライと思った」と郭が振り返った打球はそのまま左翼席へ。劇的なサヨナラ2ラン本塁打となった。引退後、郭は名古屋市内で台湾料理店を経営していたが2013年、台湾プロ野球の「中華職棒大連首席顧問」に就任した。

Q 134

長嶋茂雄、一茂親子と公式戦で対戦している投手は?

2級

① 堂上　照　　② 三沢　淳

③ 鈴木孝政　　④ 高橋三千丈

Q 135

1990（平成2）年5月24日の巨人戦。クロマティに対する危険球で退場になったのは?

2級

① 宮下昌己　　② 小野和幸

③ 西本　聖　　④ 鹿島　忠

A 134 ③ 鈴木孝政

鈴木孝政は1973（昭和48）年に入団し、長嶋一茂がヤクルト2年目だった89年に現役引退。長嶋茂雄と同郷の千葉出身の鈴木にとって「長嶋父子」と公式戦で対決したことは自慢の一つ。「しかも球界じゃボク一人だけ」。さらに「長嶋茂雄さんと対決した投手で、ボクが最も若い投手なんです」。父との対決は74年の現役最終年。通算の成績は6打数3安打1本塁打2打点そして三振1。その三振は8月6日の中日球場で奪い、翌7日の巨人戦でプロ入り初勝利。初奪三振のシーンはパネルにして長嶋さんにサインをしてもらった。「サインのほか『快打洗心』という言葉も」。このパネルは鈴木家の家宝に。なお一茂との対戦成績は3打数ノーヒットで1奪三振。

※なおオープン戦を含めると加藤初（西鉄・太平洋・巨人）も長嶋父子と対戦。

A 135 ④ 鹿島　忠

5月24日（ナゴヤ）の試合、バンスローに対する槙原寛己の投球が発端で乱闘。まずディステファーノが退場。その後、鹿島が退場になった。この試合、小競り合いの中で星野監督は水野雄仁の頭をひっぱたいているが退場にはなっていない。

宮下昌己は1987（昭和62）年6月11日にクロマティに死球を与え殴打された。

Q 136

1990年8月15日の広島戦で当時最速となる157キロを記録したのは?

3級

① 今中慎二　　② 上原　晃
③ 西本　聖　　④ 与田　剛

Q 137

1990年8月28日の広島戦(ナゴヤ球場)は、広島・達川光男のある行為で試合が中断した。その理由は?

2級

① コンタクトレンズが落ちた
② ベルトが切れた
③ 当っていないのに死球を主張
④ 死球なのにファウルを主張

A 136 ④ 与田　剛

セーブをあげ山中と握手する与田剛

1990年、ドラフト1位でNTT東京から入団した与田は抑え投手として活躍。157キロを記録するなど速球投手として活躍し、新人王に輝いた。スピードガンは1978年ごろから普及し、それまで感覚で語られていた速さを数字で比較できるようになった。ドラゴンズでは小松辰雄が150キロの速球で「スピードガンの申し子」と言われた。ただスピードガンは計測する位置や機材によって差があり、あくまで目安。プロ野球では横浜から巨人に移籍したクルーンが2008年6月1日、現ヤフオクドームでのソフトバンク戦で記録した162キロが最速とされる。

A 137 ① コンタクトレンズが落ちた

選手総出でコンタクトレンズを探す

7回裏無死一塁でハプニングは起こった。郭源治がバントしようとした際に達川の左目のコンタクトが外れた。遠近感がつかめない状況で一塁送球しアウト。そこから捜索が始まった。内野、ベンチから控え選手が本塁付近に集まり、審判まで協力。しかし4分間の中断の末にあきらめ、スペアのコンタクトレンズにした。「1組で3万円したのに」と達川。この後、9回にタイムリーを放つなど2安打し、試合後のインタビューでは「これまではコンタクトの度があっていなかったんじゃないの」と笑わせた。達川は谷繁元信選手兼任監督を支える2014年シーズンのバッテリーコーチになった。

Q 138

親戚に大相撲の有名な関取兄弟がいたのは？

2級

① 山崎武司　② 井上一樹
③ 中田亮二　④ 森　徹

Q 139

1991（平成3）年7月19日の巨人戦（ナゴヤ球場）で代打満塁とサヨナラの2本塁打を放ち、8点差逆転に貢献したのは？

2級

① 中村武志　② 立浪和義
③ 種田　仁　④ 川又米利

A138

② 井上一樹

最高位が関脇の逆鉾（現井筒親方）と寺尾（現錣山親方）は井上のまたいとこ。井上が中学3年の時には熱心に入門を勧められたこともあったという。

A139

① 中村武志

ドラゴンズは槙原寛己の前にまったく手が出ず、7回表を終わって0−8。一方的な展開だった。7回裏、まず落合博満が本塁打。さらに8回に押し出し四球などで満塁としたところで起用された中村が木田優夫から同点本塁打。そして延長に突入した10回裏、今度は水野雄仁から左翼席へサヨナラ本塁打。奇跡の逆転勝利はこうして実現した。快進撃を続けたドラゴンズだったが、9月に失速し、優勝を広島に譲った。

Q 140

1991年10月13日、落合博満は1試合6敬遠四球の日本記録を作った。相手球団は？

2級

① 巨人　　② 阪神

③ ヤクルト　　④ 広島

Q 141

プロ初打席で初本塁打を放ったドラゴンズ投手は2人。米村明とだれ？

2級

① 与田　剛　　② 川上憲伸

③ 山田喜久夫　　④ 森田幸一

A 140 ③ ヤクルト

前年の1990年、本塁打と打点の2冠に輝いた落合。両リーグでの3冠王に燃えていた。特にドラゴンズでは首位打者のタイトルとは無縁。ライバルはヤクルトの古田敦也だった。シーズンも終盤に入り、直接対決に注目は集まった。10月13日の対戦で、ヤクルトは落合を全6打席敬遠した。すべてボールを24球。古田は打率3割3分9厘8毛で首位打者に。落合は結局5毛差に泣いた。この年、8打点差で広沢克己（ヤクルト）に打点王を譲り、本塁打王だけに終わった。

敬遠され、一塁ベース上でヤクルト広沢と話す落合

A 141 ④ 森田幸一

新人投手のプロ初打席初本塁打は41年ぶりの快挙だった。1991（平成3）年、住友金属からドラフト5位で入団した森田は4月10日の広島戦で7回から登板。8回に手痛い同点弾を浴びるが、その裏の打席で秋村謙宏からお返しの勝ち越し本塁打を放った。同年は与田の故障があり、首脳陣は森田をストッパーに抜てき。開幕戦でいきなり初登板初勝利を挙げ、1年目から50試合に登板、10勝3敗17セーブの活躍で新人王に輝いた。米村はプロ2年目だった86年8月23日のヤクルト戦で1点を追う7回から3イニングに登板。味方が逆転した9回に自らダメ押しの一発を放ってプロ初勝利を飾った。

Q 142

ドラゴンズが実名で登場するアメリカ映画「ミスターベースボール」。ドラゴンズの監督役は？

3級

① 三國連太郎　② 高倉　健
③ 松平　健　④ 菅原文太

Q 143

1993（平成5）年のセ・リーグ。最多勝利投手のタイトル争いはまれに見るデッドヒートとなり、結局17勝で3人が並んでゴールした。一人は野村弘樹（横浜）。あとの二人はドラゴンズのだれ？

2級

① 山本昌と小野和幸
② 今中慎二と小野和幸
③ 山本昌と今中慎二
④ 小野和幸と小松辰雄

A 142

② 高倉　健

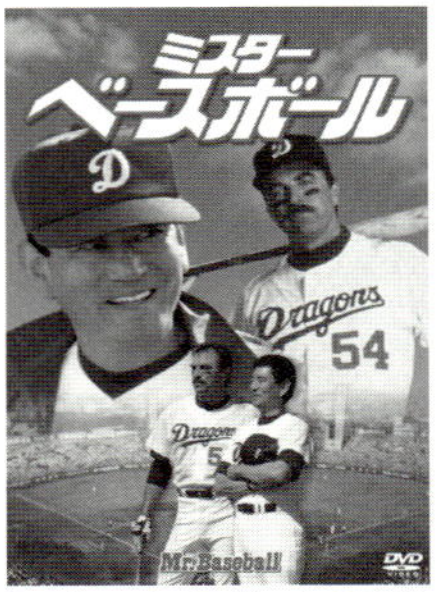

ミスターベースボールのDVD
パッケージ
写真提供：IVC, Ltd.

1992（平成4）年公開。ナゴヤ球場などでロケが行われた。高倉健は内山監督として出演した。96年にドラゴンズでプレーしたコールズら、文化の違いを知るため選手が見ることもあったという。

A 143

③ 山本昌と今中慎二

ともに左腕の山本昌と今中が17勝でタイトルを分け合った。15勝以上の左腕がそろうのは1959年の大毎以来。このときは小野正一が22勝、荒巻淳が17勝をあげた。また最優秀防御率は山本昌が2.059、最多奪三振は今中が247で、それぞれ1位となった。前年最下位からは躍進したが合計73勝でヤクルトに及ばず2位に終わった。

Q 144

1994（平成6）年、史上初めて同率首位での最終戦対決で、勝った方が優勝となった中日ー巨人戦が行われたのは何月何日？

3級

① 10月7日　② 10月8日

③ 10月12日　④ 10月18日

Q 145

1994年の中巨最終戦決戦のドラゴンズの先発投手は？

3級

① 山本昌広　② 野口茂樹

③ 佐藤秀樹　④ 今中慎二

A 144

② 10月8日

ドラゴンズと巨人が69勝60敗（引き分け0）の同率で迎えた最終戦が行われたのは10月8日のナゴヤ球場。結果は3－6で巨人が勝ち4年ぶりの優勝、ドラゴンズは2年連続の2位。巨人の長嶋茂雄監督は「国民的行事」と呼んだ。テレビ中継も関東地区では視聴率48.8％とプロ野球中継として過去最高をマークした。東海地区は54.0％でプロ野球中継では3番目だった。

過去最高は1982（昭和57）年10月18日に野武士軍団ドラゴンズが優勝を決めた大洋戦の58.1％、2番目は20年ぶりリーグ優勝を決めた1974（昭和49）年10月12日の大洋戦56.7％。10月7日は1988（昭和63）年、星野仙一監督が2年目でヤクルトを破り優勝を決めた日。

A 145

④ 今中慎二

23歳で大一番に先発した今中は巨人の一発攻勢に沈んだ。2回先頭の落合博満に右中間へソロアーチを打たれ、4回までに3本塁打を浴び5失点でKOされた。先制本塁打を放った落合はこの前年にドラゴンズからFA宣言して巨人に入団。「長嶋監督を胴上げするため（巨人に）きた」と言い切っていた。落合は3回裏の守備で立浪のゴロを捕球しようとして左足内転筋を痛めベンチに下がった。

Q 146

中巨最終戦決戦で一塁に執念のヘッドスライディングをし、左肩を脱臼《きゅう》したのは?

3級

① 立浪和義

② 種田　仁

③ 仁村　徹

④ アロンゾ・パウエル

Q 147

中巨最終戦決戦をスタンドから観戦した他球団の選手は?

3級

① ラルフ・ブライアント

② 清原和博

③ イチロー

④ 新庄剛志

A146 ① 立浪和義

8回裏、先頭打者の立浪は三塁へのゴロを放って一塁にヘッドスライディング、内野安打となったが左肩を強打して脱臼、鳥越裕介と交代した。この脱臼の後遺症である左肩痛に引退するまで悩まされた。立浪にとって一塁へのヘッドスライディングは野球選手生涯で初めてだった。

立浪のヘッドスライディングは「伝説」となった

A147 ③ イチロー

ドラゴンズファンのイチローは午後3時まで神戸でオリックスの練習をした後、新幹線で駆けつけた。この年20歳で210安打を放ち初の首位打者となったイチローは「これが最終戦なんですね。すごいですよ。雰囲気が。こんなにスタンドから大声援を受けて試合ができたら、最高でしょう」「できれば中日の胴上げの方が良かったですけど、ここまで来れば中日も巨人もないでしょう。本当に来て良かったと思っています」と語った。

Q 148

1994（平成6）年から3年連続で首位打者になったパウエル。死球による負傷防止のために取り入れた、当時としては珍しかった道具は？

3級

① フェースガード付きヘルメット

② 鉄板入りリストバンド

③ 耳カバー付きヘルメット

④ ひじあて

Q 149

ナゴヤ球場時代の1994年に登場したマスコットのドアラ。著書デビューとなった話題作は？

3級

①『ドアラのひみつ
かくさしゃかいにまけないよ』

②『ドアラのへや』

③『つば九郎のおなか』

④『コアラ坂』

A 148 ④ ひじあて

現在ではプロ野球はもちろんアマチュア球界でも当たり前のように使われているひじあて。パウエルが使ってから一気に広まった。アメリカと比べてストライクゾーンがボール1個分内角に寄っているといわれる日本。当然死球も多くなり苦慮した。そこで最初は厚手のサポーターを使用していたが、スポーツメーカーと相談して可動性のあるプロテクターを開発した。フェースガードは近鉄時代にマニエルが、鉄板入りリストバンドは落合博満が使った。現在は義務化されている耳カバー付きヘルメットは、1990年代半ばまでは入団年などによる選択制だった。

A 149 ①『ドアラのひみつ　かくさしゃかいにまけないよ』

ナゴヤドームで7回裏の攻撃が終了した後、バック転で盛り上げるドアラ。2008年に『ドアラのひみつ』をPHP出版から出した。スーツにベレー帽をかぶる作家スタイルで、各地でサイン会を開く盛況ぶりだった。『ドアラのへや』は2009年、『ドアラの九州旅日記』は2008年、電子版の『コアラ坂』は2012年発表。ドアラを意識した『つば九郎のおなか』は2009年の発行。

Q 150

ドラゴンズの通算最多代打本塁打（16本）を放っているのは2人。大島康徳とだれ？

2級

① 江藤省三　② 法元英明

③ 川又米利　④ 千原陽三郎

Q 151

1996（平成8）年8月11日、野口茂樹が6四死球を出しながらもノーヒットノーランに抑えた球団は？

2級

① ヤクルト　② 阪神

③ 広島　④ 巨人

A150 ③ 川又米利

早実出身の左打ちということで「王二世」とも。高卒ながら1年目に47打数13安打を記録したが、腰を痛めて伸び悩む。第1次星野政権から代打の専門職に。通算74本塁打のうち、16本を代打で放った。ただ現役時にサヨナラホームランはなく、唯一のサヨナラ打は1996（平成8）年8月15日のヤクルト戦（ナゴヤ球場）の延長10回裏1死三塁で高津臣吾から左前打を決めた。

なお通算代打本塁打のセ・リーグ記録は20本（町田公二郎）、日本記録は27本（高井保弘）。大島は日本ハム時代を加えると20本。

A151 ④ 巨人

当時22歳の野口の快挙に対する球団社長賞は賞金100万円だった。その使い道を聞かれた野口は「貯金と借金返済にあてます」と返答。同年1月に購入を決めたものの未払いとなっていた絵画の代金に使ったという。その絵画は、白馬の後を黒馬が走っているもので「白星が先行するかな、と思って」購入を決めたとか。油絵が趣味でもあった野口ならではの願掛けは、後年さらに効果を発揮した。制球難を完全克服した98年には最優秀防御率のタイトルを獲得。99年は19勝でリーグMVPに輝き、01年には4試合連続無四球完投勝利のプロ野球タイ記録を達成した。

ノーヒットノーランを達成して、祝福される野口（中央）

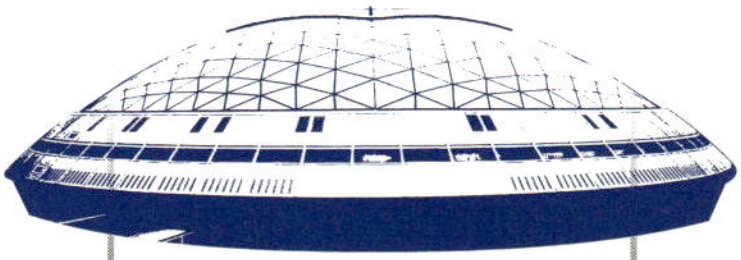

ナゴヤドーム時代の幕開け

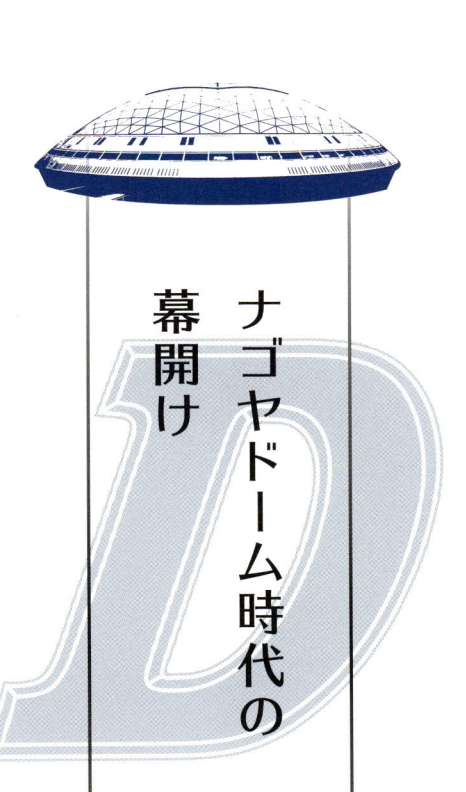

1997～2003

全32問

Q 152

ナゴヤドームの所在地は名古屋市何区？

3級

① 中川区　② 千種区

③ 東区　④ 南区

Q 153

1997（平成9）年4月4日の横浜戦、ナゴヤドーム開幕戦で先頭打者本塁打を放ったのは？

3級

① 立浪和義　② 荒木雅博

③ 大豊泰昭　④ 中村武志

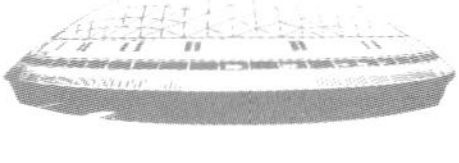

A 152　③ 東区

ナゴヤドームの住所は名古屋市東区大幸南1－1－1。1994（平成6）年8月に三菱重工業名古屋工場の跡地で建設を着工、97年3月12日に名古屋市中川区のナゴヤ球場に代わるドラゴンズの1軍本拠地として開場した。収容人員は40,500人（ドラゴンズ戦開催時は38,500人）。球団のマスコットにはドアラに加え、シャオロンが誕生し、女性パフォーマンスチーム「チアドラゴンズ」も結成された。同年3月18日には、郭源治の引退試合でもあった初めてのオープン戦（対オリックス）が開催され、先発の郭がオリックスの先頭打者だったイチローを中飛に打ち取った。

A 153　① 立浪和義

立浪の〝予告アーチ〟だった。1点を先制された直後の1回裏。横浜・盛田幸希から放った右翼席中段への同点ソロが記念すべきナゴヤドーム開幕戦を飾る逆転勝利を呼び込んだ。実は、試合前のロッカールームで中村武志から「タツ、ドーム1号を誰が打つか、勝負しようか」と持ちかけられたが、立浪は「中村さん、やめた方がいいですよ。多分、ぼくが打ちますから」と受け流していた。試合後、「ホームランなんか狙ってないのに。一番打者が塁に出ることにより、打線も乗ってくる。きょうは一回しか塁に出てないから、あすは二回出るようにします」と力強く話し、翌5日の試合でも2安打を決めている。

ナゴヤドーム「第1号」を放ってガッツポーズ

Q 154

ナゴヤドームが誕生した1997年、公募により新しい応援歌ができた。♪見よ東海の朝ぼらけ〜で始まる歌は?

2級

①「勝利の叫び」

②「嵐の英雄」

③「ドラゴンズの歌」

④「おれたちゃドラゴンズ」

Q 155

ナゴヤドーム元年の1997年、中日のセ・リーグ順位は?

3級

① 1位　② 3位

③ 4位　④ 6位

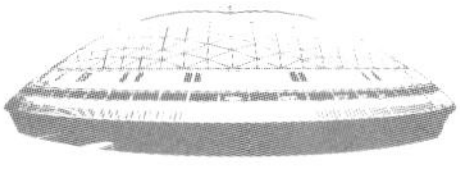

A 154 ②「嵐の英雄」

「嵐の英雄（ヒーロー）」は行進曲調で、人気はあまり出なかった。「ドラゴンズの歌」は1950年、「勝利の叫び」は1978年の応援歌。応援歌集CDの「昇竜魂」にも収録されている。「おれたちゃドラゴンズ」は中日スポーツの連載まんが。

A 155 ④ 6位

開幕戦を劇的な逆転勝利で飾った中日だったが、シーズンは誤算の連続だった。今中慎二、野口茂樹ら先発陣が故障離脱し、山崎武司、大豊泰昭、パウエルといった頼みの主軸は不発。打撃不振に加え、守備でのミスを連発するなど広くなった新本拠地に悩まされた。同年は山本昌の最多勝、新外国人ゴメスの活躍など明るいニュースもあったが、終わってみれば、チーム防御率はリーグ5位の4.33、チーム打率はリーグ6位の.243。屈辱の最下位に沈んだ。シーズン最終戦後、星野仙一監督は「ドームを作っていただいたのにドームに負けた。広さは想像以上。ドームというものはそんなに甘いものじゃない。チーム改革を推進したい」と宣言。大豊、パウエルらの放出を決断するなど、ディフェンス野球への転換を進めた。

Q 156

1997年オフ、阪神から関川浩一と久慈照嘉をトレードで獲得した。中日から移籍したのは大豊泰昭とだれ？

3級

① 矢野輝弘　② 小島弘務
③ 椎木　匠　④ 山本保司

Q 157

森野将彦の現在の背番号は「30」。では入団当初の背番号は？

2級

① 7　② 8
③ 16　④ 31

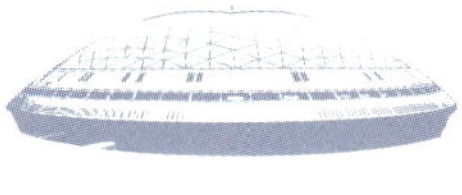

A 156 ① 矢野輝弘

ディフェンス野球の推進が衝撃的なトレードに発展した。1997年シーズンはリーグ最下位に沈み、センターライン強化を図っていたドラゴンズと正捕手を希望していた阪神の思惑が一致。矢野は将来性を期待されていたが、当時は中村武志が正捕手だったため出血覚悟の放出となった。移籍を通告された当初は動転した矢野だったが、「僕の野球にはプラスになるトレード」と一念発起。すぐに阪神の正捕手の座をつかみ、2003、05年にはチームをリーグ優勝へと導いた。10年シーズン限りで現役引退。現在は野球解説者として活躍している。

山本昌とがっちり握手するドラゴンズ時代の矢野

A 157 ① 7

同球団内において、これほど背番号変更される選手も珍しい。神奈川・東海大相模高からドラフト2位で入団した1997（平成9）年は「7」。ところが、わずか2年で李鍾範との交換で「8」に変更された。「8」といえば、母校の大先輩にもあたる巨人・原辰徳監督の現役時代と同じ。森野にとってはお気に入りの番号となったが、これも2001年には前横浜（現DeNA）の波留敏夫の入団に伴い「16」に変えられ、気づいた原監督（当時ヘッドコーチ）に「今までの2倍はがんばれ」と激励された。その後「31」でレギュラーに定着し、09年オフには引退した立浪和義の「3」を打診された。しかし、これを辞退したため現在の「30」となった。

ルーキーイヤーの森野

Q 158

中日で2度の1球セーブを記録した投手は？

2級

① 星野仙一

② 宣　銅烈

③ エディ・ギャラード

④ 岩瀬仁紀

Q 159

ドラゴンズのイニング最多得点は2003（平成15）年9月16日の巨人戦の6回に記録した12得点。では、不名誉なプロ野球記録となったイニング最多失点は何点？

2級

① 10　　② 13

③ 20　　④ 23

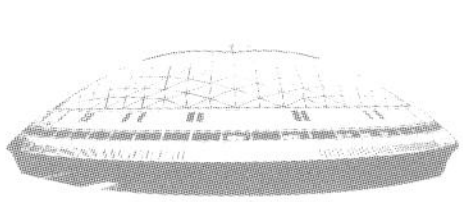

A 158　② 宣　銅烈

韓国球界の「至宝」と呼ばれた

韓国プロ野球では最多勝5回、防御率1位7回などの功績で「至宝」と呼ばれた右腕も、日本では苦労を味わった。入団1年目の1996（平成8）年は不振で2度の2軍落ちを経験。翌97年に当時の日本記録だった38セーブを挙げて不動の守護神となった。初めて1球セーブを記録したのは、9回2死満塁で登板した97年7月19日の阪神戦。2度目は、それまで救援失敗が続いていた99年7月13日の広島戦だった。この試合、1点リードの9回頭から登板したのはサムソン・リー。「先輩にセーブを取ってほしい」と2死走者なしの場面でバトンをつないだ。このセーブを機に、宣はリーグ優勝へ向けて復調した。

A 159　② 13

目を覆いたくなるような惨劇だった。1998（平成10）年4月22日のヤクルト戦。先発は左肩痛からの復活を目指す今中慎二だった。1回、1番・飯田哲也を二ゴロに仕留めたが、2番・真中満以降は2四球を含む4連打、2死から投手・宮出隆自にも適時二塁打を浴びたところで降板。今中の2／3イニングでの降板、7失点は自己ワーストだった。2番手・山田貴志も火に油を注ぎ、2投手で4四球を挟む10連続被安打と散々。16人目の打者となる馬場敏史を中飛に抑えて、ようやく1回が終了した。1イニング13失点はプロ野球史上3度目、球団史上では初のワースト記録。星野仙一監督は「1イニングに13点なんか見たことも聞いたこともないわ。フリー打撃でもあれだけ打てんぞ」と怒りを通り越してあきれ顔。なお、今中は続く4月28日の巨人戦で6イニング1／3を2安打無失点に抑え、シーズン初勝利を挙げた。

Q 160

1998（平成10）年7月22日、ナゴヤドーム初のオールスター戦でMVPに輝いたのは？

2級

① 福留孝介　② 立浪和義

③ 川上憲伸　④ レオ・ゴメス

Q 161

1998年から中日に在籍した李鍾範は、盗塁を決めるごとにヘルメットにシールを貼った。何の形をしたシール？

3級

① 忍者　② チーター

③ ねずみ　④ 泥棒

A 160 ③ 川上憲伸

新人の川上が、右翼席最上段に本塁打を放った松井秀喜（巨人）らを抑えてMVPに輝いた。全セの先発を務め、3イニングを2安打無失点。イチロー（オリックス）、ローズ（近鉄）、秋山幸二（ダイエー）らが居並ぶ強力パ・リーグ打線に対して勝負球はほとんど直球で挑み、「球宴は力と力の勝負。できるだけまっすぐで押したい」との公約を守った。当初は2回までの登板予定だったが、全セの野村克也監督（ヤクルト）に「もう1イニング行ってみろ」と誘われ、3回のマウンドにも上がった。新人らしからぬ堂々とした姿に、星野仙一監督でさえ「自分の新人のころと比べて驚くほどの落ち着きぶり」とびっくり。1998年、川上はシーズン14勝を挙げて新人王タイトルも獲得した。

直球勝負でMVP

A 161 ① 忍者

〝韓国のイチロー〟などと呼ばれ、韓国から鳴り物入りで入団した李の座右の銘が「忍」。韓国でも「耐える、我慢する」の意であるといい、それまではヘルメットやバットに「忍」の字を書いていた。当初は「盗塁を一つするごとにヘルメットに何か貼りたい。忍の文字をシールにしてほしい」とメーカー側に相談。検討の結果、忍者のシールになった。「30盗塁もしたらヘルメットが真っ白になっちゃうね」と笑っていた李だが、1998年6月23日の阪神戦で右ひじに死球を受けて骨折し、まさかの長期離脱。それまですでに17盗塁を決めていただけに、文字通り忍耐を強いられるシーズンとなってしまった。同僚の武田一浩も忍者シールをヘルメットに貼っていたが、これはヒット数。

Q 162

1998年、横浜優勝の原動力となり、シーズン46セーブポイント、防御率0.64でMVPに選ばれた佐々木主浩から、シーズン唯一の本塁打を放ったドラゴンズの選手は？

2級

① レオ・ゴメス　② 立浪和義

③ 関川浩一　④ 大西崇之

Q 163

1998年に加入、主にセットアッパーとして活躍した韓国人左腕サムソン・リーの本名は？

3級

① 李　承燁（イ・スンヨプ）

② 李　炳圭（イ・ビョンギュ）

③ 李　尚勲（イ・サンフン）

④ 李　大浩（イ・デホ）

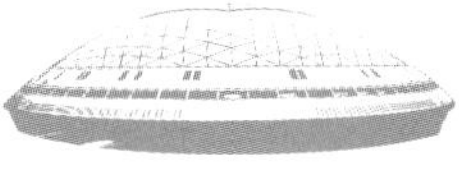

A 162 ④ 大西崇之

1998年8月21日の横浜－中日の首位攻防戦、2－4とリードされた9回表無死一塁で代打の大西が佐々木の144キロの直球を左翼スタンドに1号2点本塁打を放ち同点。大西は歓喜に飛び跳ねながらダイヤモンドを回った。試合は延長11回サヨナラ負け、大西は延長11回にも右前打を放ち盗塁も決めたが、ヒーローになりそこねた。大西にとってプロ通算2号目の本塁打だった。

A 163 ③ 李　尚勲（イ・サンフン）

LGツインズから獲得した当時の韓国球界ナンバーワン左腕。94、95年には最多勝、97年には最優秀救援投手に輝き、米大リーグ入りを目指していたが急転、ドラゴンズ入りが決まった。来日当初こそ先発で成績を残せず苦しんだが、99年のリリーフ転向で飛躍。同年リーグ優勝の立役者となった。登録名の「サムソン」は韓国時代からのニックネーム。「サムソンは髪を切れば弱くなるから伸ばすしかない」と旧約聖書に登場する怪力サムソンにちなんだ長いうしろ髪が特徴だった。遠征先にもギターを持ち歩いたほどの音楽好き。2004年に韓国球界で現役引退した後は、ロック歌手に転身した。

左腕から伸びのあるストレートをくり出した

Q 164

1999（平成11）年、ルーキーの福留孝介が開幕戦でスタメン出場したポジションは？

2級

① 捕手　② 一塁手
③ 遊撃手　④ 左翼手

Q 165

1999年に中日にFA加入した武田一浩が、最初に所属した球団はどこ？

2級

① ヤクルト　② 西武
③ 日本ハム　④ ロッテ

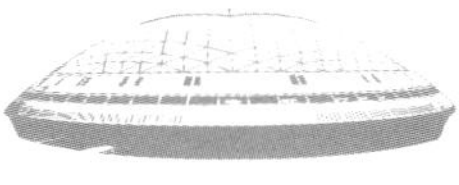

A164 ③ 遊撃手

大阪・PL学園高3年だった95年のドラフトで近鉄の1位指名を拒否、99年に日本生命から逆指名でドラゴンズに入団した鳴り物入りルーキー。内野守備にやや難あり、との評判もあったが、星野仙一監督は李鍾範を外野へ転向させるなど、福留の遊撃での起用を早々に決めた。しかし、高代延博内野守備コーチとの連日の猛特訓も実らず、シーズン中の失策数は増え、同年の日本シリーズでは勝負どころで痛恨の2失策を記録。翌2000年は三塁へ転向となった。打撃、守備ともに伸び悩んでいた02年には外野へ本格転向。同年は初の首位打者に輝き、俊足、強肩を生かした一流外野手に成長した。

A165 ③ 日本ハム

ドラゴンズにとっては94年の近鉄・金村義明以来となるFA獲得選手。身長171センチと小柄ながら、日本ハムでは最優秀救援投手に輝き、ダイエー（現ソフトバンク）では最多勝のタイトルも獲得した。99年は開幕から2試合連続完封勝利を挙げるなど先発ローテーションを守り、11年ぶりのリーグ優勝に貢献。ダイエーでは同僚だった工藤公康に、プロとして体を自己管理することの大切さを学んだといい、ドラゴンズでも球団の特別許可を得て、故障防止に独自のスパイクを履いていた。2001年オフには巨人へ移籍。中日戦で1勝し、当時の12球団すべてから勝利を挙げた。

Q 166

1999年、開幕戦からの連勝記録は何試合?

3級

① 8試合　② 11試合

③ 15試合　④ 18試合

Q 167

1999年、井上一樹の開幕連続試合安打は何試合?

2級

① 11試合　② 21試合

③ 31試合　④ 41試合

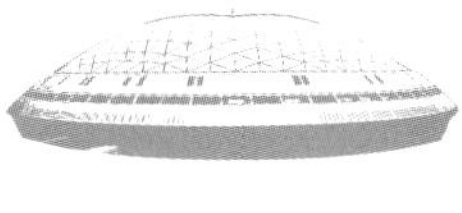

A166

② 11試合

開幕戦を激闘の末に制すと勢いが止まらなくなった。プロ2年目ながら川上憲伸が開幕投手を務めた4月2日の広島戦は、二度の逆転で1点差のシーソーゲームを勝利。「オレのミスをよく取り返してくれた」と選手をねぎらった星野仙一監督の言葉に呼応するように、翌日からも日替わりでヒーローが誕生した。

連勝はどんどん延び、4月16日の巨人戦でついに1954（昭和29）年に西鉄が記録した日本タイ記録となる開幕11連勝を達成。45年ぶりの快挙に「本当に来ちゃったな、すごいわ」と星野仙一監督はかすれた声で興奮した。実は、この数日前に扁桃腺が腫れ、達成当日も東京都内の病院で点滴を受けてから球場入り。翌17日の巨人戦に敗れて日本新記録はならなかったが、その夜は久しぶりに熟睡できたとか。

A167

② 21試合

井上にとってプロ10年目にして初めて開幕一軍入りを果たしたシーズンだった。ドラフト2位で90年に入団した当初は投手。打者転向後も下積みは長く、ようやく99年の開幕戦でスタメン出場すると安打が止まらなくなかった。4月20日のヤクルト戦は9回まで4打数無安打。記録が途切れかけたが、試合が延長戦に突入し、延長12回に中前打を放って14試合に延ばした。記録更新中、凡退した次の打席は左右の手袋を前打席の時とは反対の手からはめるゲン担ぎをしていた。日本記録の24試合には惜しくも届かなかったが、4月に安打が打てなかったのはわずか1試合だった。

Q 168

1999年、ルーキーの岩瀬仁紀がプロ初登板でとったアウト数は？

3級

① 0　② 1

③ 2　④ 3

Q 169

1999年5月、打撃不振に陥った山崎武司が、代打を送られた後にとった行動とは？

2級

① 改名した　② 自宅に引きこもった

③ 入院した　④ バットを土に埋めた

A 168 ① 0

デビュー戦は最悪だった。JR東海からドラフト2位で入団した即戦力左腕は、4月2日の広島との開幕戦から登場。1点リードの6回2死二塁、先発・川上のバトンを受けて登板した。ところが、あっさり3連打されて広島が逆転。1死も取れないまま降板となった。並の新人なら、戻ったベンチの隅でうなだれているものだが、岩瀬は「あまりに腹立たしかったから、悔しさを忘れないようにこの光景を目に焼き付けてやろうと思って」と、一塁側ベンチの最前列、しかも中央付近にどっかりと腰を下ろした。山田久志投手コーチは「次もああいう場面で使う」と断言し、その後は切れのある速球とスライダーを武器にセットアッパーに定着。1999年はリーグ最多の65試合に登板して中継ぎながら10勝を挙げた。

A 169 ① 改名した

小さな変化に大きな効果があった。5月20日の横浜戦。4試合連続ノーヒット中だった山崎がこの試合のチャンスでも凡退すると、続く打席でシーズン初めて代打を送られた。試合後、食事会場の隅で肩を落としていると、当時の球団社長に「君はいい選手だから、もっと自己主張しなさい」などと叱咤激励された。その際、「名前は〝やまさき〟と〝やまざき〟のどっち?」という話になり、山崎は「〝やまさき〟です」と答え、「山崎」と表記しているけど、戸籍上は「山﨑」なのだ、と説明した。さらに長男の大貴さんが生まれた際、姓名判断では一画足りないということだったが、戸籍の名字なら一画増えるから、よしとなったエピソードまで紹介した。すると、球団社長が「それなら君も一画増やして自己主張しなさい!」と指示。翌21日から球場の電光掲示板には「山﨑」と表記された。しかも、この21日のヤクルト戦から2試合連続で本塁打。主砲として復活した。

※新聞社・通信社では「山崎」と表記。本書も準じている。

Q 170

1999年9月26日の阪神戦、劇的な逆転サヨナラ3ランを決めた山崎武司はどんなポーズで喜びを表した?

3級

① バンザイ　② ピース

③ アッカンベー　④ コマネチ

Q 171

その山崎武司は、同年の日本シリーズに出場していない。なぜ?

3級

① 風邪で入院した

② 手首を骨折した

③ 野球道具を盗まれた

④ 初戦に遅刻した

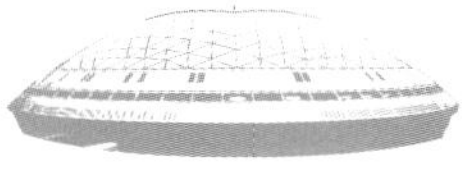

A 170 ① バンザイ

リーグ優勝を決定づけた一打

優勝を決定づける名場面となった。シーズン大詰めのナゴヤドーム最終戦。勝利目前の9回表に宣銅烈がジョンソンにまさかの逆転3ランを浴び、中日は2点を追う形で9回裏を迎えた。1死一、二塁。山崎が完璧にとらえた福原忍の147キロは左翼席中段へ。劇的な〝3ラン返し〟に、山崎は全身で「X」字のようなバンザイポーズで歓喜を表し、「言葉がない。プロ野球生活で1、2番の当たり。(プロ) 13年間で、きょうのホームランが一番うれしい」と声を震わせた。1999年は打撃不振に苦しみ、9月に入ると星野仙一監督から「引っ張りにいったら、もう使わないからな」と最後通告を突きつけられていただけに喜びもひとしお。この勝利で中日はマジック5とし、9月30日のヤクルト戦(神宮)で11年ぶり優勝を決めた。

A 171 ② 手首を骨折した

最高の日が一転して悪夢の日になった。11年ぶりリーグ優勝を達成した9月30日のヤクルト戦。3回の守備で山崎は一塁ベース上で走者と交錯し、左手首を骨折した。激痛に顔をゆがめながら、そのまま東京都内の病院へ急行。全治2カ月と診断された。チームと再び合流できたのは、歓喜にわく試合後の祝勝会会場。左手を三角巾でつり、ビールかけに参加することなく、歩み寄った星野監督と右手で握手を交わすと涙を流した。そんな山崎を思い、中村武志、関川浩一ら仲間は優勝直後からヘルメットに山崎の背番号「22」のシールを貼った。ダイエーと対戦した日本シリーズには出場できなかったが、チームの福岡遠征にも同行。全試合ベンチ裏で観戦しながら応援した。

Q 172

日本プロ野球において、サイクル本塁打を打った打者はいない。1999年4月18日の巨人戦でレオ・ゴメスが王手をかけたが、打てなかったのは？

2級

① ソロホームラン　② 2ランホームラン
③ 3ランホームラン　④ 満塁ホームラン

Q 173

1球勝利、1球敗北、1球セーブ、すべてを達成した投手は？

2級

① サムソン・リー　② 落合英二
③ 前田幸長　④ 岩瀬仁紀

A 172 ④ 満塁ホームラン

怒とうの3連発は開幕11連勝が止まった翌日に飛び出した。2回に先制ソロを放つと、3回には2打席連続の3ラン。1点リードされた5回には3打席連続の逆転2ランをかっ飛ばした。8回の打席は2死満塁とサイクル本塁打の大チャンス。「もちろん意識したさ」。満塁弾狙いでバットを強振したが、ここは空振り三振に倒れた。珍記録こそ逃したものの、ドラゴンズはゴメスの3連発で巨人に快勝。11連勝中は本塁打がなく出遅れていた主砲が一気に勢いづいた。不動の4番としてリーグ優勝に貢献したゴメスは、敬けんなクリスチャン。試合前はスペイン語の賛美歌を聴いて集中力を高めていた。

A 173 ② 落合英二

救援投手として長年ドラゴンズを支えた男ならではの〝勲章〟だろう。プロ4年目だった1995（平成7）年4月27日の阪神戦。登板した延長10回にいきなりグレンにサヨナラ本塁打を浴び、1球の重みを痛感したという。98年からは救援専任。99年7月11日の阪神戦では、1点を追う9回1死一塁から登板。阪神・今岡誠を1球で遊ゴロ併殺に仕留めると、その裏にチームが逆転サヨナラ勝利して勝利投手になった。「たまにはこういうこともないと、中継ぎでがんばっているかいがありませんから」と笑っていた落合。04年4月27日の広島戦では1球セーブも決め、「僕だけでしょ？」と自慢していた。

Q 174

2000（平成12）年に種田仁が記録した「11」のプロ野球記録は？

2級

① 連続試合打点　② 連続打席二塁打

③ 連続試合失策　④ 代打連続打席出塁

Q 175

2000年シドニー五輪に、日本代表捕手としてドラゴンズから派遣されたのは？

3級

① 清水清人　② 中村武志

③ 中野栄一　④ 鈴木郁洋

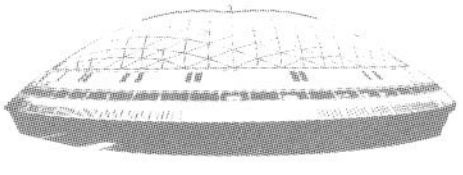

A 174

④ 代打連続打席出塁

一時はレギュラーをつかみかけながら、故障やライバルの出現で定着できず、当時は出場機会が減っていた。2000年キャンプでは「今年ダメなら辞めなきゃいけないかも」と選手生命の危機に立たされ、独特の「がに股打法」を開発。トレードマークともなる打撃で6月2日の巨人戦から7月12日の阪神戦まで代打での出塁を続け、それまでの日本記録だった「9」を更新した。内訳は安打が6で四球が5。星野仙一監督やチーム関係者から「マイケル」の愛称で親しまれたが、その理由は「マイケル・ジャクソンが飼っていたサルに似ているから」、「漫画ホワッツマイケルに出てくる猫に似ているから」など諸説ある。

A 175

④ 鈴木郁洋

国際オリンピック委員会（IOC）の方針で、シドニー五輪からプロ野球選手の出場が解禁された。日本代表はプロとアマの混成チームで出場。シーズン中ながらパ・リーグは1球団1人を出すことで合意し、松坂大輔（西武）、中村紀洋（近鉄）ら主戦級を派遣したが、セ・リーグは6球団で鈴木と河野昌人（広島）の2人しか選出されなかった。ドラゴンズでは控えだった鈴木だが、五輪では正捕手として9試合中8試合にスタメン出場。打率2割9分、4打点と活躍しながらも、3位決定戦で韓国に敗れてメダルを逃した。02年オフに近鉄へ移籍、12年オフにオリックスのバッテリーコーチに就任した。

Q 176

中日の外国人投手でノーヒットノーランを達成しているのは?

3級

① スコット・アンダーソン

② メルビン・バンチ

③ ドミンゴ・グスマン

④ チェン・ウェイン

Q 177

2000年に入団した豪州出身のメジャーリーガー、デービッド・ニルソンの登録名は「ディンゴ」だった。意味は?

2級

① 蛇　　② 象

③ 野犬　　④ 子猫

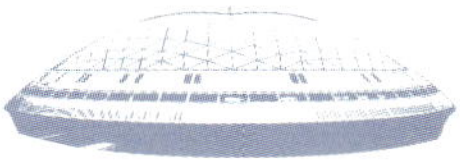

A 176 ② メルビン・バンチ

躍動感あふれるバンチの投球フォーム

2000年4月7日の横浜戦。それまでのプロ野球人生の大半をマイナーリーグで過ごし、メジャーわずか1勝だった右腕が来日2試合目で、チーム打率3割を超えていたマシンガン打線を相手に快挙を成し遂げた。同年は、着実に勝ち星を積み上げ14勝で最多勝投手に。ヒーローインタビューで「やっとかめ!」などと日本語であいさつして人気者になった。バンチの父はメジャー球団にも誘われたソフトボールの有力選手だったが、プロ野球選手になる夢は息子に託していたという。バンチは翌01年も10勝を挙げて親子のジャパニーズ・ドリームを実現させた。

A 177 ③ 野犬

ディンゴとは、豪州特有の野犬の一種。母国に対する愛情は人一倍だった。メジャー8年間で通算105本塁打。99年もブルワーズで打率3割9厘、21本塁打を記録した強打者だったが、豪州代表の4番としてシドニー五輪に出場する夢を実現させるため、当時はメジャーリーグが五輪出場を認めていなかったことからFAとなっていた。ドラゴンズはシーズン途中の五輪出場を認めて獲得。外野のレギュラーとして期待したが、わずか1本塁打で8月に退団した。皮肉なことに、9月のシドニー五輪には念願の出場を果たし、対日本戦で本塁打を放つなど活躍した。

Q 178

2001（平成13）年6月26日の巨人戦、札幌ドームのこけら落としで第1号本塁打を放ったのはだれ？

2級

① 立浪和義　② 関川浩一
③ 福留孝介　④ 英智

Q 179

2001年限りで退団した星野仙一監督が次に指揮した球団は？

3級

① 楽天　② 阪神
③ ロッテ　④ 巨人

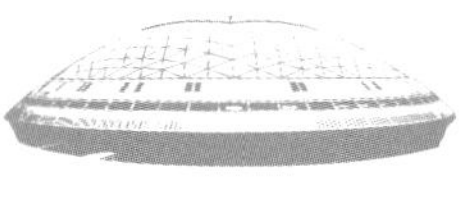

A 178 ③ 福留孝介

狙い通りの一発だった。1番打者としてスタメン出場した福留がプレーボール直後に巨人・メイの初球141キロにバットを強振。真新しい右中間スタンドに先頭打者弾を突き刺した。「他の球種が来たら〝ごめんなさい〟くらいの気持ちで思い切り振り抜きました」。してやったりの顔だった福留に、やや肩透かしを食らったのは球場側。当初、「第1球」と「第1号」の球をそれぞれ記念に保管、展示することを決めていたのだが、これが同一球となってしまった。ちなみに、福留の先頭打者本塁打は3年連続3本目。いずれも初球を打ったものだった。

A 179 ② 阪神

師走の名古屋に衝撃が走った。ドラゴンズ一筋でエースとして投げ、監督としては11年間も指揮を執って二度のリーグ優勝に導いた星野が、阪神・野村克也監督の辞任を受けて突然、阪神の新監督候補に浮上した。星野は2001年、「同じ人間が一つの権力の座に居続けるのはよくない」としてドラゴンズ監督を勇退。野球解説者として活動を始めていた矢先のニュースだった。同一リーグゆえに賛否両論あったが、星野は「人生最大の決断」と阪神監督就任を決意。長年、星野の参謀役を務めてきた島野育夫もヘッドコーチとして移籍した。03年には阪神を18年ぶりリーグ優勝に導き、退任した。2011年から楽天の監督になり13年はリーグ優勝を果たした。

Q 180

2002（平成14）年に電撃入団したキューバの至宝は？

3級

① ホセ・コントレラス

② ヘルマン・メサ

③ オマール・リナレス

④ アントニオ・パチェコ

Q 181

ドラゴンズのキャッチフレーズで、山田久志監督時代のものは？

2級

① Speed, Steady, Spirit

② WIN THE GAME WIN THE DREAM

③ See it, Feel it, Do it

④ Preparation Confidence Success

A 180　③ オマール・リナレス

リナレスはバルセロナとアトランタ五輪でキューバに2大会連続の金メダルをもたらしたスラッガー。両大会で5割近い打率を残し、世界を震かんさせた。キューバは1959年の革命政権誕生後に世界のプロ球界に門戸を閉ざしてきたため、以降、他国のプロリーグに選手を派遣したのはリナレスが初めて。ドラゴンズは早くからキューバ選手の獲得に興味を持ち、現地で動いていた。「至宝」とたたえられたリナレスだが、来日当時は34歳で、すでにキューバ代表を引退。体重オーバーで当初は苦しみ、体がしぼれた04年シーズンは日本シリーズで2本塁打するなど随所で勝負強い打撃を披露した。

キューバの「至宝」もドラゴンズに在籍

A 181　② WIN THE GAME WIN THE DREAM

2002（平成14）年から2シーズン使われた。①、③、④はいずれも高木監督時代の1992、93、94～95年に採用された。

Q 182

2003（平成15）年に入団、外野手として活躍したアレックスの名字は？

3級

① ロドリゲス　② オチョア
③ リナレス　④ スミス

Q 183

中日のカムバック賞受賞者は6人。谷沢健一、鈴木孝政、西本聖、彦野利勝、種田仁とだれ？

3級

① 河原純一　② 中里篤史
③ 鶴田　泰　④ 平井正史

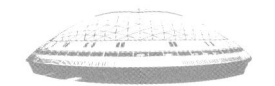

A 182 ② オチョア

けがの功名、というべきか。ドラゴンズが契約したはずのケビン・ミラーが一転、レッドソックスへ入団することになり、アレックスは代替要員として来日した。開幕戦の巨人戦でいきなり本塁打を放ち、外野からの好返球も連発。チームやファンの〝ミラー・ショック〟を吹き飛ばし、一躍人気者となった。登録名がアレックスになったのは、当時の山田久志監督が「オチョアだと〝おちょくる〟みたいで語呂がよくない」と判断したから。13年にも高木守道監督が「バーゲンセールみたいだから」と新外国人投手の登録名を名字のバーゲセンではなく、名前のブラッドリーとした。

A 183 ④ 平井正史

5年ぶり白星からの快進撃だった。2003（平成15）年にトレード移籍の平井は、前年のオリックスでは5試合の登板のみ。新天地では慣れない先発に挑み、プロ初完封勝利を含む12勝6敗の成績を残した。オリックスに入団当初は150キロ超の剛速球を連発。若き守護神としてフル回転していた。しかし、故障に泣かされ、01年8月に右ひじ手術を敢行していただけに、「とにかく1年間、1軍で投げられたのがよかった。一番つらかったのは（手術後に）投げられない時期だったから」としみじみ話した。04年に落合博満監督が就任してからは主に中継ぎとして活躍。13年には古巣のオリックスに復帰した。

Dragons

ドラ検

2014.2.23

第1回
中日ドラゴンズ検定

第1回ドラゴンズ検定試験は2014年2月23日の日曜日に実施します。1月21日まで受験者を募集します。

試験は名古屋、東京で行われ、3級（小学生高学年くらいから楽しめる出題）と2級（ドラゴンズのことなら何でも知っている自信のあるファン向け）があります。いずれも本書と同じ四者択一方式です。合格者には認定証を発行します。受験料は3級3,900円、2級4,800円で、併願は8,200円です。

詳細および申し込みは公式サイト（「ドラゴンズ検定」で検索）をご覧ください。

本書は第1回中日ドラゴンズ検定の公式テキストです。

資料編

歴代成績・主要タイトル

1936年　19勝23敗0分 .452

首位打者	中根　之	.376	初

1937年春　7位 21勝35敗0分 .375

なし

1937年秋　8位 13勝33敗3分 .283

なし

1938年春　7位 11勝24敗0分 .314

なし

1938年秋　4位 19勝18敗3分 .514

なし

1939年　6位 38勝53敗5分 .418

なし

1940年　5位 58勝41敗5分 .586

最多盗塁	石田政良	32	初

1941年　6位 37勝47敗0分 .440

最多本塁打	服部受弘	8	初

1942年　7位 39勝60敗6分 .394

最多本塁打	古川清蔵	8	初

1943年　2位 48勝29敗7分 .623

最多本塁打	古川清蔵	4	2回目
	加藤正二	4	初
	岩本　章	4	初

1944年　4位 13勝21敗1分 .382

最多本塁打	金山次郎	3	初

1945年　戦争のため中断

1946年　7位 42勝60敗3分 .412

なし

1947年　2位 67勝50敗2分 .573

なし

1948年　8位 52勝83敗5分 .385

なし

1949年　5位 66勝68敗3分 .493

なし

1950年(2リーグ制に)　2位 89勝44敗4分 .669

最多奪三振	杉下　茂	209	初

1951年　2位 62勝48敗3分 .564

最多勝利	杉下　茂	28	初

1952年　3位 75勝43敗2分 .636

首位打者	西沢道夫	.353	初
最多本塁打	杉山　悟	27	初
最多打点	西沢道夫	98	初

1953年　3位 70勝57敗3分 .551

最優秀勝率投手	石川克彦	.818	初

1954年　優勝、日本一　86勝40敗4分 .683

最優秀選手	杉下　茂		初
最多打点	杉山　悟	91	初
最多勝利	杉下　茂	32	2回目
最優秀勝率投手	杉下　茂	.727	初
最優秀防御率投手	杉下　茂	1.39	初
最多奪三振	杉下　茂	273	2回目

1955年　2位 77勝52敗1分 .597

最多盗塁	本多逸郎	42	初

1956年　3位 74勝56敗0分 .569

なし

1957年　3位 70勝57敗3分 .550

なし

1958年　3位 66勝59敗5分 .527

最多盗塁	岡嶋博治	47	初

1959年　2位 64勝61敗5分 .512

最多本塁打	森　徹	31	初
最多打点	森　徹	87	初
最多盗塁	岡嶋博治	41	2回目

1960年	5位 63勝67敗0分 .485		
最多盗塁	中　利夫	50	初

1961年	2位 72勝56敗2分 .562		
最優秀新人	権藤　博		
最多勝利	権藤　博	35	初
最優秀防御率	権藤　博	1.70	初
最多奪三振	権藤　博	310	初

1962年	3位 70勝60敗3分 .538		
最多盗塁	河野旭輝	26	3回目
最多勝利	権藤　博	30	2回目

1963年	2位 80勝57敗3分 .584		
最多盗塁	高木守道	50	初
最優秀勝率投手	山中　巽	.714	初
最優秀防御率投手	柿本　実	1.70	初

1964年	6位 57勝83敗0分 .407		
首位打者	江藤慎一	.323	初

1965年	2位 77勝59敗4分 .566		
首位打者	江藤慎一	.336	2回目
最多盗塁	高木守道	44	2回目
最優秀勝率投手	山中　巽	.857	2回目

1966年	2位 76勝54敗2分 .585
なし	

1967年	2位 72勝58敗4分 .554		
首位打者	中　暁生	.343	初
最多勝利	小川健太郎	29	初

1968年	6位 50勝80敗4分 .385
なし	

1969年	4位 59勝65敗6分 .476
なし	

1970年	5位 55勝70敗5分 .440		
最優秀新人	谷沢健一		

1971年	2位 65勝60敗5分 .520
なし	

1972年	3位 67勝59敗4分 .532
なし	

1973年	3位 64勝61敗5分 .512		
最多盗塁	高木守道	28	3回目

1974年	優勝 70勝49敗11分 .588		
最優秀新人	藤波行雄		
最多勝利	松本幸行	20	初
最優秀勝率投手	松本幸行	.690	初
最多セーブ	星野仙一	10	初

1975年	2位 69勝53敗8分 .566		
最優秀勝率投手	星野仙一	.773	初
最多セーブ	鈴木孝政	21	初

1976年	4位 54勝66敗10分 .450		
最優秀新人	田尾安志		
首位打者	谷沢健一	.355	初
最優秀防御率	鈴木孝政	2.98	初
最優秀救援投手	鈴木孝政	32SP	初

1977年	3位 64勝61敗5分 .512		
最優秀救援投手	鈴木孝政	23SP	2回目

1978年	5位 53勝71敗6分 .427
なし	

1979年	3位 59勝57敗14分 .509		
最優秀新人	藤沢公也		
最優秀勝率投手	藤沢公也	.722	初

1980年	6位 45勝76敗9分 .372		
首位打者	谷沢健一	.369	2回目

1981年	5位 58勝65敗7分 .472
なし	

1982年	優勝 64勝47敗19分 .577		
最優秀選手	中尾孝義		初
最多出塁数	田尾安志	232	初
最優秀勝率投手	都裕次郎	.762	初

1983年	5位 54勝69敗7分 .439		
最多本塁打	大島康徳	36	初

1984年	2位 73勝49敗8分 .598		
最多本塁打	宇野　勝	37	初
最多出塁数	谷沢健一	231	初

1985年	5位 56勝61敗13分 .479		
最多勝利	小松辰雄	17	初
最優秀防御率投手	小松辰雄	2.65	初
最多奪三振	小松辰雄	172	初

1986年	5位 54勝67敗9分 .446		
最多盗塁	平野　謙	48	初

1987年	2位 68勝51敗11分 .571		
最高出塁率	落合博満	.435	4回目
最多勝利	小松辰雄	17	2回目
最優秀救援投手	郭　源治	30SP	初

1988年	優勝 79勝46敗5分 .632		
最優秀選手	郭　源治		初
最優秀新人	立浪和義		
最多勝利打点	落合博満	19	3回目
最高出塁率	落合博満	.418	5回目
最多勝利	小野和幸	18	初
最優秀勝率投手	小野和幸	.818	初
最優秀救援投手	郭　源治	44SP	2回目

1989年	3位 68勝59敗3分 .535		
最多打点	落合博満	116	4回目
最多勝利打点	落合博満	16	4回目
最多勝利	西本　聖	20	初
最優秀勝率投手	西本　聖	.769	初

1990年	4位 62勝68敗1分 .477		
最優秀新人	与田　剛		
最多本塁打	落合博満	34	4回目
最多打点	落合博満	102	5回目
最高出塁率	落合博満	.416	6回目
最優秀救援投手	与田　剛	35SP	初

1991年	2位 71勝59敗1分 .546		
最優秀新人	森田幸一		
最多本塁打	落合博満	37	5回目
最高出塁率	落合博満	.473	7回目

1992年	6位 60勝70敗0分 .462
なし	

1993年	2位 73勝57敗2分 .562		
最多勝利打点	落合博満	15	5回目
最多勝利	今中慎二	17	初
	山本昌広	17	初
最優秀勝率投手	山本昌広	.773	初
最優秀防御率投手	山本昌広	2.05	初
最多奪三振	今中慎二	247	初

1994年	2位 69勝61敗0分 .531		
首位打者	パウエル	.324	初
最多本塁打	大豊泰昭	38	初
最多打点	大豊泰昭	107	初
最多勝利	山本昌広	19	2回目
最優秀防御率投手	郭　源治	2.45	初

1995年	5位 50勝80敗0分 .385		
首位打者	パウエル	.355	2回目

1996年	2位 72勝58敗0分 .554		
首位打者	パウエル	.340	3回目
最多本塁打	山崎武司	39	初
最多安打	パウエル	176	初

1997年　6位 59勝76敗1分 .437

最多勝利	山本　昌	18	3回目
最多奪三振	山本　昌	159	初

1998年　2位 75勝60敗1分 .556

最優秀新人	川上憲伸		
最多勝利打点	山崎武司	16	初
最優秀防御率投手	野口茂樹	2.34	初
最優秀中継ぎ投手	落合英二	19.70RP	初

1999年　優勝 81勝54敗0分 .600

最優秀選手	野口茂樹		初
最優秀中継ぎ投手	岩瀬仁紀	28.15RP	初

2000年　2位 70勝65敗0分 .519

最多勝利	バンチ	14	初
最優秀救援投手	ギャラード	36SP	初
最優秀中継ぎ投手	岩瀬仁紀	26.20RP	2回目

2001年　5位 62勝74敗4分 .456

最優秀防御率投手	野口茂樹	2.46	2回目
最多奪三振	野口茂樹	187	初

2002年　3位 69勝66敗5分 .511

首位打者	福留孝介	.343	初
最優秀救援投手	ギャラード	35SP	2回目

2003年　2位 73勝66敗1分 .525

最高出塁率	福留孝介	.401	初
最優秀中継ぎ投手	岩瀬仁紀	31.15RP	3回目

2004年　優勝 79勝56敗3分 .585

最優秀選手	川上憲伸		初
最多勝利	川上憲伸	17	初
最優秀中継ぎ投手	岡本真也	24.80RP	初

2005年　2位 79勝66敗1分 .545

最高出塁率	福留孝介	.430	2回目
最多セーブ	岩瀬仁紀	46	初

2006年　優勝 87勝54敗5分 .617

最優秀選手	福留孝介		初
首位打者	福留孝介	.351	2回目
最多本塁打	ウッズ	47	初
最多打点	ウッズ	144	初
最高出塁率	福留孝介	.438	2回目
最多勝利	川上憲伸	17	2回目
最多奪三振	川上憲伸	194	初
最多セーブ	岩瀬仁紀	40	2回目

2007年　2位（日本一） 78勝64敗2分 .549

最多盗塁	荒木雅博	31	初

2008年　3位 71勝68敗5分 .511

なし

2009年　2位 81勝62敗1分 .566

最多本塁打	ブランコ	39	初
最多打点	ブランコ	110	初
最優秀防御率	チェン	1.54	初
最多勝利	吉見一起	16	初
最多セーブ	岩瀬仁紀	41	3回目

2010年　優勝 79勝62敗3分 .560

最優秀選手	和田一浩		初
最高出塁率	和田一浩	.437	初
最多セーブ	岩瀬仁紀	42	4回目
最優秀中継ぎ	浅尾拓也	59HP	初

2011年　優勝 75勝59敗10分 .560

最優秀選手	浅尾拓也		初
最優秀防御率	吉見一起	1.65	初
最多勝利	吉見一起	18	2回目
最優秀中継ぎ	浅尾拓也	52HP	2回目

2012年　2位 75勝53敗16分 .586

最多盗塁	大島洋平	32	初
最多セーブ	岩瀬仁紀	33	5回目

2013年　4位 64勝77敗3分 .454

なし

参考文献・資料

[問題の作成にあたって]

・「中日新聞」「中日スポーツ」の記事、および取材過程で知り得た情報を元に、問題を作成し、解説を記述した。

・記録・データについては、中日ドラゴンズの前身・名古屋軍が創設された1936（昭和11）年から2013（平成25）年までの公式記録に基づいた。

・記録・データは2013年シーズン終了時点とし、記述もそれを起点とした。

・選手名は、その時々の登録名を採用し、敬称は略した。

・各問題に付属して「第1回中日ドラゴンズ検定」で実施される2級および3級のレベルを示した。

[主要参文献]

『中日ドラゴンズ70年史』中日新聞社、2006年

『中日ドラゴンズDragons50』（中日ドラゴンズ五十年史）同、1985年

『中日ドラゴンズ四十年史』同、1975年

『中日ドラゴンズ30年史』同、1965年

「月刊ドラゴンズ」中日新聞社、1983年～

一般社団法人日本野球機構『オフィシャル・ベースボール・ガイド』共同通信社

『プロ野球70年史』ベースボール・マガジン社、2004年

森岡浩編著『プロ野球人名事典』内外アソシエーツ

宇佐美徹也著『プロ野球記録大鑑』、講談社、1993年

大和球児著『真説日本野球史』、ベースボール・マガジン社、1977年～

『中日スタヂアム20年』中日スタヂアム、1968年

玉腰年男著『ドラゴンズ物語』現代企画室、1978年

杉浦清著『ユニフォームは知っている』黎明書房、1955年

綱島理友著『プロ野球ユニフォーム物語』、ベースボール・マガジン社、2005年

池井優著『ハロー、スタンカ、元気かい』講談社、1986年

近藤貞雄著『退場がこわくて野球ができるか』ドリームクエスト、2000年

鈴木龍二著『鈴木龍二回顧録』ベースボール・マガジン社、1980年

「名古屋鉄道社史」

ドラゴンズ検定委員会編『ドラゴンズ検定』、中日新聞社、2007年

あとがき

消え去る者の思い出はいつも美しい。でも、忘れ去られていくのはあまりに悲しすぎる。名古屋軍として産声をあげたドラゴンズ。プロ野球という未知の世界にこぎ出した先人たちは夢を追い、困難を克服し、いまの隆盛を築き上げた。エピソードを通じて、そんな時代にも思いをはせてみたい。それが今回、ドラゴンズ検定を新たに出版した理由のひとつでもあった。

歴史を彩ってきたのは名選手であり、好プレーであり、あるいは騒動だったり。例えば戦後、遠征中に金欠状態に陥り、本社からカネが届くまでマネジャーが担保代わりに旅館にとどまったことがあったそうだ。これは故宮下信明投手から聞いた話である。

古き良き時代を知る関係者は鬼籍に入っているが、幸いなことにわれわれには関係者からの伝え聞き情報があった。記憶をたどり、さらには古い書物や紙面にあたり、過去をさぐる旅は魅力的だった。

望外の喜びもあった。1974（昭和49）年に優勝した時の左腕エース松本幸行投手との出会いである。巷間伝わるような奇人でも変人でもなく、愉快で無欲の人だった。取材者としての立場を忘れ、一人のドラゴンズファンとして興奮したものだった。その一部を本書に反映させていただいた。

編集にあたっては、どの世代にも受け入れてもらえるようエピソードを中心にした。これを契機にドラゴンズの過去にも興味を持っていただけたなら幸いである。

中日スポーツ報道部長　増田 護

中日ドラゴンズ検定 2013シーズン 解答チェックシート

【第2次高木監督時代（2012～2013）】

Q1 1 2 3 4
Q2 1 2 3 4
Q3 1 2 3 4
Q4 1 2 3 4
Q5 1 2 3 4
Q6 1 2 3 4
Q7 1 2 3 4
Q8 1 2 3 4
Q9 1 2 3 4
Q10 1 2 3 4
Q11 1 2 3 4
Q12 1 2 3 4
Q13 1 2 3 4
Q14 1 2 3 4

【落合監督時代（2004～2011）】

Q15 1 2 3 4
Q16 1 2 3 4
Q17 1 2 3 4
Q18 1 2 3 4
Q19 1 2 3 4
Q20 1 2 3 4
Q21 1 2 3 4
Q22 1 2 3 4
Q23 1 2 3 4
Q24 1 2 3 4
Q25 1 2 3 4
Q26 1 2 3 4
Q27 1 2 3 4
Q28 1 2 3 4
Q29 1 2 3 4
Q30 1 2 3 4
Q31 1 2 3 4
Q32 1 2 3 4
Q33 1 2 3 4
Q34 1 2 3 4
Q35 1 2 3 4
Q36 1 2 3 4
Q37 1 2 3 4
Q38 1 2 3 4
Q39 1 2 3 4
Q40 1 2 3 4
Q41 1 2 3 4
Q42 1 2 3 4
Q43 1 2 3 4
Q44 1 2 3 4
Q45 1 2 3 4
Q46 1 2 3 4
Q47 1 2 3 4

【名古屋軍から中部日本時代（1936～1953）】

Q48 1 2 3 4
Q49 1 2 3 4
Q50 1 2 3 4
Q51 1 2 3 4
Q52 1 2 3 4
Q53 1 2 3 4
Q54 1 2 3 4
Q55 1 2 3 4
Q56 1 2 3 4
Q57 1 2 3 4
Q58 1 2 3 4
Q59 1 2 3 4
Q60 1 2 3 4
Q61 1 2 3 4
Q62 1 2 3 4
Q63 1 2 3 4
Q64 1 2 3 4
Q65 1 2 3 4
Q66 1 2 3 4
Q67 1 2 3 4
Q68 1 2 3 4
Q69 1 2 3 4

【初の日本一から2度目のリーグ優勝まで（1954～1973）】

Q70 1 2 3 4
Q71 1 2 3 4
Q72 1 2 3 4
Q73 1 2 3 4
Q74 1 2 3 4
Q75 1 2 3 4
Q76 1 2 3 4
Q77 1 2 3 4
Q78 1 2 3 4
Q79 1 2 3 4
Q80 1 2 3 4
Q81 1 2 3 4
Q82 1 2 3 4
Q83 1 2 3 4
Q84 1 2 3 4
Q85 1 2 3 4
Q86 1 2 3 4
Q87 1 2 3 4
Q88 1 2 3 4
Q89 1 2 3 4
Q90 1 2 3 4
Q91 1 2 3 4
Q92 1 2 3 4
Q93 1 2 3 4
Q94 1 2 3 4
Q95 1 2 3 4

解答を□に✔をしてください。　※コピーしてご使用ください。

【2度目のリーグ優勝から3度目のリーグ優勝まで（1974～1981）】

Q96	1 2 3 4	Q103	1 2 3 4	Q110	1 2 3 4	Q117	1 2 3 4
Q97	1 2 3 4	Q104	1 2 3 4	Q111	1 2 3 4	Q118	1 2 3 4
Q98	1 2 3 4	Q105	1 2 3 4	Q112	1 2 3 4	Q119	1 2 3 4
Q99	1 2 3 4	Q106	1 2 3 4	Q113	1 2 3 4	Q120	1 2 3 4
Q100	1 2 3 4	Q107	1 2 3 4	Q114	1 2 3 4	Q121	1 2 3 4
Q101	1 2 3 4	Q108	1 2 3 4	Q115	1 2 3 4		
Q102	1 2 3 4	Q109	1 2 3 4	Q116	1 2 3 4		

【4度目のリーグ優勝、そしてナゴヤ球場フィナーレ（1982～1996）】

Q122	1 2 3 4	Q130	1 2 3 4	Q138	1 2 3 4	Q146	1 2 3 4
Q123	1 2 3 4	Q131	1 2 3 4	Q139	1 2 3 4	Q147	1 2 3 4
Q124	1 2 3 4	Q132	1 2 3 4	Q140	1 2 3 4	Q148	1 2 3 4
Q125	1 2 3 4	Q133	1 2 3 4	Q141	1 2 3 4	Q149	1 2 3 4
Q126	1 2 3 4	Q134	1 2 3 4	Q142	1 2 3 4	Q150	1 2 3 4
Q127	1 2 3 4	Q135	1 2 3 4	Q143	1 2 3 4	Q151	1 2 3 4
Q128	1 2 3 4	Q136	1 2 3 4	Q144	1 2 3 4		
Q129	1 2 3 4	Q137	1 2 3 4	Q145	1 2 3 4		

【ナゴヤドーム時代の幕開け（1997～2003）】

Q152	1 2 3 4	Q160	1 2 3 4	Q168	1 2 3 4	Q176	1 2 3 4
Q153	1 2 3 4	Q161	1 2 3 4	Q169	1 2 3 4	Q177	1 2 3 4
Q154	1 2 3 4	Q162	1 2 3 4	Q170	1 2 3 4	Q178	1 2 3 4
Q155	1 2 3 4	Q163	1 2 3 4	Q171	1 2 3 4	Q179	1 2 3 4
Q156	1 2 3 4	Q164	1 2 3 4	Q172	1 2 3 4	Q180	1 2 3 4
Q157	1 2 3 4	Q165	1 2 3 4	Q173	1 2 3 4	Q181	1 2 3 4
Q158	1 2 3 4	Q166	1 2 3 4	Q174	1 2 3 4	Q182	1 2 3 4
Q159	1 2 3 4	Q167	1 2 3 4	Q175	1 2 3 4	Q183	1 2 3 4

ドラ検

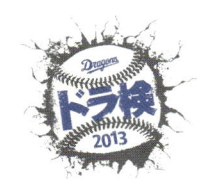

執筆者

増田　護
林　武平
安藤友美
佐野信好

協　力

丹羽正生
中日ドラゴンズ

本書に使用した写真の掲載について、一部連絡先が判明しないまま使用したものがあります。お気づきのかたは中日新聞出版部までご一方報くださいますようお願い申し上げます。

中日ドラゴンズ球団承認

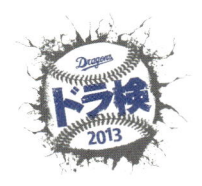

中日ドラゴンズ検定
2013シーズン

中日スポーツ 編

2013年11月16日　初版第一刷発行

発行者
野嶋 庸平

発行所
中日新聞社
〒460-8511 名古屋市中区三の丸一丁目6番1号
電話 052-201-8811(大代表)
052-221-1714(出版部直通)
郵便振替 00890-0-10番

デザイン
角田 恭章

印刷・製本
長苗印刷株式会社

ISBN978-4-8062-0660-6

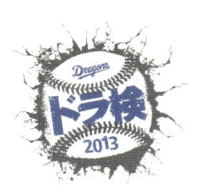